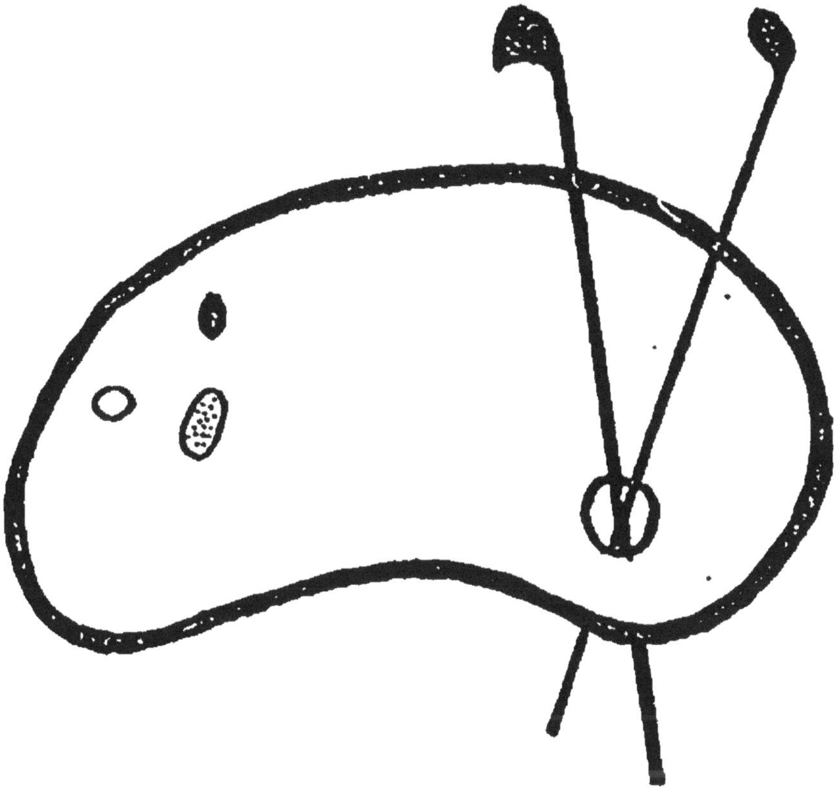

DEBUT D'UNE SERIE DE DOCUMENTS
EN COULEUR

NOTES

ET

SOUVENIRS

D'UN

VOYAGEUR LIBANAIS

PAR

Louis ZOUAÏN

CHORÉVÊQUE MARONITE

QUATRIÈME ÉDITION

LA CHAPELLE-MONTLIGEON

ERIE DE NOTRE-DAME DE MONTLIGEON

1901

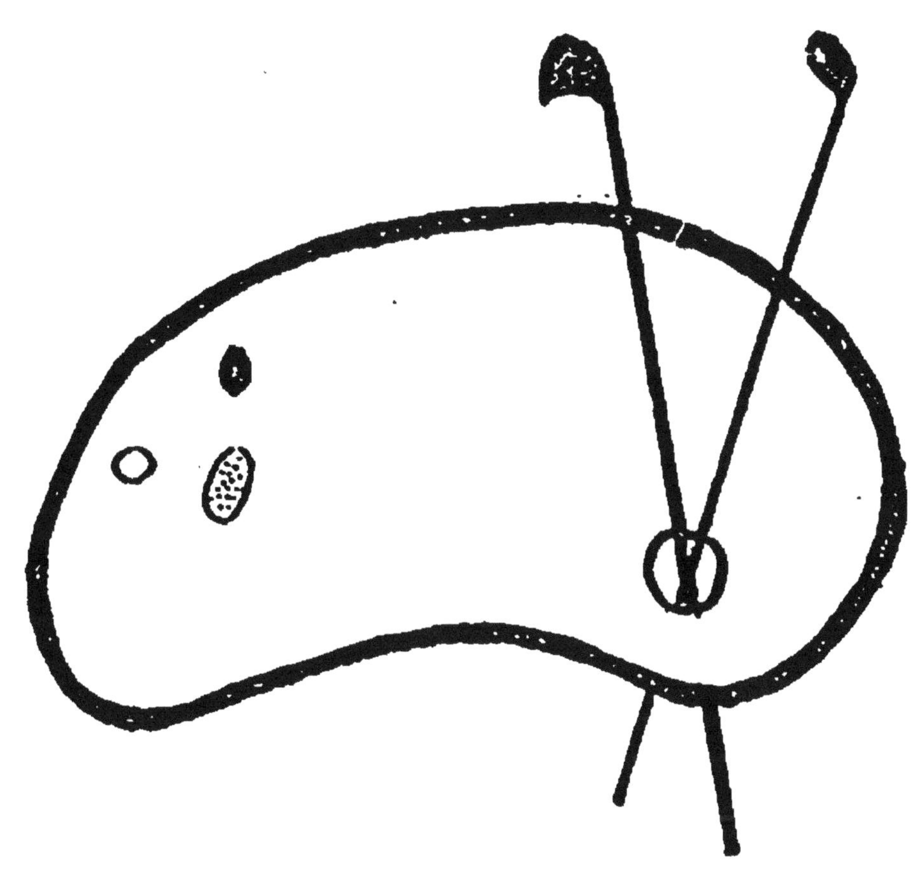

FIN D'UNE SERIE DE DOCUMENTS
EN COULEUR

NOTES ET SOUVENIRS

NOTES

ET

SOUVENIRS

D'UN

VOYAGEUR LIBANAIS

PAR

Louis ZOUAÏN

CHORÉVÊQUE MARONITE

DEUXIÈME ÉDITION

LA CHAPELLE-MONTLIGEON

IMPRIMERIE DE NOTRE-DAME DE MONTLIGEON

1901

NOTICE SUR LA VIE DE L'AUTEUR

Mgr Louis Zouaïn, né Azar Zouaïn, naquit à Sarath, petit village du Liban, en 1840, dans le sein d'une famille chrétienne qui jouissait de la considération et de l'estime générales. Il y puisa en même temps que le lait ces principes qui devaient un jour faire de lui l'homme remarquable que nous regrettons aujourd'hui.

La charité de son digne père était proverbiale dans toute la contrée ; ce saint vieillard, au temps de la disette, se privait secrètement, pour la donner aux pauvres, d'une partie de la nourriture qui lui était destinée. Sa pieuse mère, à l'exemple de Blanche de Castille, s'appliquait à lui inspirer avant tout et par-dessus tout l'amour de Dieu et l'horreur du mal, quelque petit qu'il fût. Ses conseils et ses exemples trouvaient dans le cœur du jeune Azar une terre toute préparée; aussi portèrent-ils rapidement leurs fruits. Dès son plus bas âge, il se faisait remarquer entre tous ses compagnons par la ferveur de sa piété et par sa charité. Arrivait-il quelque mésintelligence entre ses amis, il travaillait avec un talent merveilleux à rétablir la paix un instant troublée, et il y réussissait d'une manière étonnante. Ses parents, voyant dans leur jeune fils ces dispositions admirables, le destinèrent à l'état ecclésiastique et le placèrent, à l'âge de dix-huit ans, dans le séminaire des RR. PP. Jésuites, alors à Ghazir. La joie du jeune séminariste fut à son comble ; il voyait ses plus chers désirs se réaliser.

Pendant les quinze années qu'il passa dans cet établissement comme étudiant et professeur, il s'y fit remarquer par son esprit vif et une précipitation d'idées étonnantes ; sa piété, son ardeur pour le travail, son humilité, son désintéressement et sa charité faisaient l'admiration des RR. PP. Jésuites eux-mêmes. Ils trouvaient en lui un sujet bien disposé à recevoir leurs avis et leurs conseils, et dont l'intelligence était capable de saisir du premier coup d'œil les questions les plus ardues et les plus difficiles.

Il fut ordonné prêtre vers la fin de 1869, et les PP. Jésuites estimèrent tellement ses qualités qu'ils le retinrent chez eux comme professeur et comme surveillant, charge qu'ils lui avaient déjà confiée avant son ordination. Le professeur ne fut pas inférieur à l'élève, et ceux qui furent placés sous sa direction ont conservé de lui le meilleur souvenir. Malgré son jeune âge, ses traits avaient déjà pris l'expression sérieuse du maître qui enseigne et du chef qui dirige.

Mais ces fonctions n'étaient qu'une préparation à la grande œuvre pour laquelle le réservait la divine Providence. En 1873, par l'ordre de ses supérieurs, il fut envoyé en France selon les désirs de Sa Grandeur Mgr l'archevêque de Beyrouth, avec le titre de chorévêque.

Il s'agissait d'une entreprise grandiose et qui, en ces jours d'indifférence, pouvait présenter de sérieuses difficultés : il fallait intéresser en faveur de la nation maronite les chrétiens d'Europe et ceux de France en particulier. Tâche noble, mais périlleuse surtout au moment où chacun en Europe doit travailler de toutes ses forces à défendre chez soi la religion attaquée ou menacée. C'est ici que se montre le talent vraiment admirable du nouveau chorévêque. Il employa tous les moyens dont il pouvait disposer et réussit au-delà de ses espérances. Afin de faire connaître l'Orient, il parcourut les villes et les campagnes, il présida les plus illustres assemblées et les plus humbles réunions, il parla dans les plus grandes cathédrales et les plus pauvres églises, et partout il fit entendre cette parole vibrante et inspirée qui avait le don de toucher les cœurs et d'ébranler les volontés les plus rebelles. Les journaux de l'époque et les relations écrites que nous possédons font foi de l'activité vraiment extraordinaire qu'il déploya à cette occasion. En quelques années, il parvint à renouveler les antiques relations qui existaient entre l'Europe et les chrétiens d'Orient, relations qui avaient été malheureusement interrompues par suite d'événements et de révolutions politiques. Comme sanction et comme preuve vivante et continuelle de ce rapprochement, il se dévoua à la fondation, à Paris, de « l'Œuvre de Saint-Louis des Maronites », dont la revue trimestrielle fait foi des immenses services que cette œuvre a rendus et ne cesse de rendre à toute notre nation. Il fit connaître partout ces chrétiens si humbles et si délaissés, et qui, malgré tout, ont su conserver intacte jusqu'à ce jour la foi et la ferveur primitives. Pour arriver à ce résultat, il s'était mis en rapport avec les cardinaux et les évêques, les magistrats et les jurisconsultes, les officiers de l'armée et les publicistes, et à tous il avait fait comprendre la nécessité de secourir leurs frères délaissés. Il vécut dans leur intimité, et jusqu'à sa mort il a conservé le meilleur souvenir de ces relations et de tous les témoignages d'estime et d'affection dont il avait été honoré par ces célèbres personnages.

Pour couronner dignement ce qu'il avait si bien commencé, il alla s'agenouiller aux pieds de Notre Saint-Père le Pape Léon XIII. Ce n'était pas sans émotion qu'il racontait souvent cette première entrevue et la bonté que lui avait témoignée le Souverain Pontife. Aidé de ces puissantes recommandations, il fonda, en 1880, à Ghazir, un collège qu'il plaça sous le vocable de saint Louis, roi de France. Ses ressources étaient bien modiques : mais sa foi lui faisait surmonter tous les obstacles et ne lui permettait pas de douter de la Divine Providence. A cette dernière œuvre il attachait une importance capitale, et c'est à elle qu'il consacra les treize dernières années de sa vie. Il souffrait cruellement de voir les efforts tentés par les protestants pour enlever la foi du cœur des enfants du Liban ; son âme d'apôtre était blessée en voyant s'ouvrir des maisons perfides d'éducation où l'on distille le poison aux jeunes âmes au lieu de leur distribuer le pain de vie. Aussi, rien n'était capable de l'arrêter une fois son dessein bien formé ; ni les difficultés qui paraissaient insurmontables, ni les obstacles qui s'amoncelaient ne pouvaient le faire reculer ; c'était, au contraire, pour lui un excitant et comme un encouragement pour son zèle.

Tous les ans, plus de 150 élèves venaient s'abriter sous le toit de cet asile béni ; ils y trouvaient tout ce qu'ils pouvaient désirer, une instruction solide et chrétienne, des maîtres pieux et habiles, et, par-dessus tout, un père dont la sollicitude ne les abandonnait jamais, ni le jour, ni la nuit. Dans ses relations avec ses enfants, Mgr Zouaïn savait allier la fermeté nécessaire au maintien de la discipline, à la bonté paternelle qui attirait leur confiance. Attentif à remplir scrupuleusement tous les devoirs de sa charge, aucun détail ne lui échappait. Chaque professeur était respecté dans sa liberté d'action, mais rien n'était inconnu de celui qui avait la responsabilité générale ; par l'examen fréquent du travail des élèves il se tenait parfaitement au courant de chaque partie de l'enseignement. Quant à la Religion, il est inutile de dire qu'elle était la plus importante de ses préoccupations, c'était dans un but de religion qu'il avait ouvert cette maison et il avait garde de laisser péricliter ce qui avait été le premier but et le premier mobile de son œuvre.

Cette organisation et l'aménité que Mgr Zouaïn portait dans ses rapports avec les familles avaient promptement obtenu leur confiance et élevé le collège au plus haut degré de prospérité. Chaque jour, il agrandissait sa maison. Il méditait de nouveaux projets pour couronner son œuvre quand la mort vint le frapper. Sa maladie commença par une indisposition qu'on croyait sans gravité, mais qui devait se terminer par un dénouement fatal. Quelques jours avant qu'il rendit son âme à Dieu, notre Saint-Père le Pape lui envoyait sa Bénédiction apostolique, ainsi que des félicitations et des encouragements pour tous ses travaux. C'était la dernière fois qu'il devait être béni par le Vicaire de Jésus-Christ. La veille de sa mort, comme on le priait d'appeler de nouveaux médecins : « Leur rôle est fini, répondit-il, c'est aux prêtres à commencer le leur. » Il s'endormit dans le Seigneur le 16 février à Beyrouth, où il était descendu quelques jours auparavant. Son corps fut transporté à Ghazir pour y être enseveli le 18 dans la chapelle du collège qu'il avait tant aimé. Une foule considérable, venue des contrées les plus éloignées du Liban, avait tenu à honneur d'assister à ses funérailles. Deux archevêques étaient présents : Mgr Abi-Najem, vicaire et représentant de Sa Béatitude le Patriarche des Maronites, et Mgr Mourad, archevêque du diocèse. Son Excellence le Gouverneur général du Liban s'était fait remplacer par le Gouverneur du district de Kesroien. Il y avait des prêtres représentant Son Excellence Mgr le Délégué apostolique, les Archevêques de Tyr et de Beyrouth, les différentes Communautés religieuses établies en Syrie, Jésuites,

Capucins, Lazaristes, etc., etc. On remarquait aussi parmi la foule un grand nombre d'officiers civils et militaires. Les funérailles furent dignes de celui à qui on les rendait. L'oraison funèbre fut prononcée en arabe par le R. P. Jean Raad, son grand ami. Il retraça dans un noble discours émouvant et élevé les nobles qualités du défunt.

Bulletin de Saint-Louis.

(N° 58). — (Avril 1893).

« Le Liban vient de perdre un de ses plus illustres enfants qui eut son heure de célébrité, l'abbé Zouaïn. Il avait formé le dessein, par le bénéfice de ses quêtes, de créer un centre d'éducation religieuse au milieu même de la montagne, à Ghazir ; et bientôt, grâce à son infatigable énergie, on vit s'élever le collège Saint-Louis dont il fut le fondateur et le premier supérieur.

« Quoi qu'on ait dit, Mgr Zouaïn aimait profondément la France, il obtint beaucoup des Français et autant que possible en fit profiter son pays. Le nom d'un tel homme ne peut périr et il faut lui savoir gré de pouvoir dire que l'influence française en a profité pour s'agrandir de jour en jour.

« Ses obsèques eurent lieu au milieu d'un

concours immense de fidèles. On évalue à 9,000 le nombre de personnes présentes à ses funérailles. Des missionnaires, Jésuites, Lazaristes, Capucins avaient tenu à honorer de leur présence cette funèbre cérémonie. Le gouvernement turc était représenté par le préfet de Ghazir, sur l'ordre exprès du gouverneur actuel du Liban, Naoum Pacha, qui fit rendre également au défunt les honneurs militaires. Son oraison funèbre fut prononcée par le P. Jean Raad et, comme le disait un autre de ses panégyristes, il revit dans ses œuvres : *mortuus adhuc vivit, defunctus adhuc loquitur*. Il n'a pas semé dans une terre stérile, il laisse après lui des appuis et des soutiens, qui continueront ce qu'il a commencé. »

L'Univers. — (14 Mars 1893).

MONSEIGNEUR ZOUAIN

« Le Liban vient de perdre un de ses plus grands bienfaiteurs, la France un de ses amis les plus sincères, et l'Église un de ses apôtres les plus zélés et de ses plus intrépides défenseurs.

« Le 26 février dernier, s'est éteint à Beyrouth, à l'âge de 53 ans, et dans toute la vigueur de son esprit, Mgr Louis Zouaïn, ancien chorévêque de Beyrouth, fondateur et premier supérieur du collège Saint-Louis à Ghazir.

« Né d'une famille honorable du Liban, de parents pieux et vertueux, il se fit remarquer dès son plus bas âge par sa piété, sa docilité et son jugement. Il fit ses études au séminaire de Ghazir sous la direction des Jésuites, ces maîtres de l'enseignement, et fut ensuite reçu comme professeur dans cet établissement. Il n'abandonna ces fonctions que sur l'invitation qu'il reçut de son patriarche de se rendre en France. Ce ne fut pas sans émotion que Mgr Zouaïn quitta sa chère patrie : il avait un cœur si tendre, et tant de liens le retenaient attaché à son pays natal ! Il embrassa pour la dernière fois son vieux père qu'il ne devait plus revoir, et il se mit en route vers cette terre de France qui, pour me servir de l'expression des Orientaux, est le pays des merveilles. Pendant sept ans, on le vit traverser en tout sens cette grande et noble contrée, aimé, respecté et estimé de tous. Sa voix éloquente retentit dans les plus grandes cathédrales et dans les plus illustres assemblées ; il se faisait l'apôtre de ses frères malheureux. Il fut l'ami intime et le commensal d'un grand nombre de nos concitoyens ; cardinaux et officiers de l'armée, archevêques et évêques, orateurs et littérateurs, fondateurs d'œuvres et publicistes, tous l'estimèrent et l'aimèrent, tous le reçurent avec cette amabilité française qui est proverbiale dans le monde entier, avec une intimité si grande qu'il en a gardé le meilleur souvenir jusque dans ses derniers moments.

« De retour dans son cher Liban, il se mit aussitôt à fonder à Ghazir le beau collège de Saint-Louis. Imbu des usages de celle qu'il appelait la grande nation française, pénétré de ses idées, aidé de ses bienfaits, il se consacra tout entier à cette grande entreprise. Il ne prit aucun repos jusqu'au moment, si désiré de son cœur, où il lui fut permis d'ouvrir cette magnifique maison d'éducation que tous les voyageurs qui parcourent le Liban visitent et admirent.

« Chaque année il l'embellissait, il l'agrandissait. En bon apôtre il voulait la grandeur de son pays et il s'efforçait de lui donner des hommes instruits et savants, formés à son école, pénétrés des idées que lui-même avait puisées en France. Il avait le plus grand respect pour S. M. le sultan Abdul-Hamid, qui laisse à ses sujets catholiques plus de liberté que n'en ont leurs frères dans certains royaumes chrétiens, et tous les gouverneurs généraux du Liban le trouvèrent toujours au nombre de leurs serviteurs les plus fidèles et les plus dévoués, de leurs sujets les plus obéissants et les plus respectueux.

« Bien qu'il fût entouré de l'estime et de la vénération universelle, il restait toujours le plus humble et le plus mortifié que l'on vit jamais ; il aimait à s'entretenir avec le pauvre et l'orphelin, à visiter les malades et à encourager les désespérés. Il paraissait encore plein de force et de santé, et tout donnait à espérer que son cher pays jouirait longtemps encore de ses travaux et de ses bienfaits.

« Depuis quelques mois il se débattait entre les bras de la maladie et rien ne faisait prévoir une catastrophe si prochaine. Il fut admirable pendant le temps qu'il resta cloué sur son lit de douleur. Il continuait cependant à diriger son œuvre et, dans les intervalles où son mal semblait se ralentir, il se levait et inspectait son établissement, afin de voir si rien ne laissait à désirer. Depuis quelque temps déjà il ne se faisait plus illusion sur son sort. Alors que tous espéraient sa guérison prochaine, lui se préparait à la mort, se confessant souvent et ne parlant que de Dieu et de l'éternité. Il reçut plusieurs fois la visite de Mgr Gaudenzio Bonfigli, délégué apostolique en Syrie ; Mgr l'archevêque de Soûda alla le voir ; Mgr l'archevêque de Beyrouth envoya prendre de ses nouvelles ; de tous côtés, des personnages influents venaient le voir, à tel point que les docteurs durent interdire l'entrée de sa chambre. Il resta toujours calme et serein, et reçut les derniers sacrements avec une foi et une piété qui édifièrent tous les assistants.

« Quelques jours avant sa mort, le Saint-Père lui envoyait de nouveaux encouragements pour ses travaux et une bénédiction spéciale pour lui, pour ses professeurs et pour ses élèves ; car Mgr Zouaïn était aimé à Rome et estimé à sa juste valeur. Il avait eu plusieurs fois l'honneur de s'entretenir personnellement avec le Souverain Pontife, et il avait toujours reçu de lui les meilleures marques d'affection et d'intérêt. Mais la mort est venue tout briser. Quelques heures avant cet instant fatal, on le priait d'appeler les docteurs. Leur rôle est terminé, répondit-il, je n'ai plus rien à faire avec eux ; c'est aux prêtres à commencer leur ministère.

« Il mourut avec sa pleine connaissance, sans agonie, sans souffrance, le sourire sur les lèvres et la sérénité sur le front. C'était vraiment la mort du juste, mort pleine de calme et de tranquillité, qui n'est que l'amour de la vie de délices où il est appelé à entrer. Grande fut la douleur de toute la nation libanaise dès que fut connue cette triste nouvelle. On n'entendait partout que des pleurs et des gémissements.

« Les obsèques de Mgr Zouaïn eurent lieu dans la chapelle de son collège à Ghazir, le samedi 18 février à midi. Ce jour-là, une foule nombreuse et recueillie était accourue des contrées les plus éloignées du Liban pour rendre les derniers devoirs à celui que tous appelaient le bienfaiteur de leur nation. Sa Béatitude le Patriarche des Maronites s'était fait représenter par Mgr Joseph Najem, son vicaire patriarcal; Mgr Jean Mourad, archevêque du diocèse, s'y trouvait en personne. Son Exc. Monseigneur le Délégué apostolique, Nosseigneurs les Archevêques de Saïda et de Beyrouth avaient envoyé des prêtres de leur part. On remarquait aussi dans la foule des missionnaires jésuites, capucins et lazaristes délégués par leurs Compagnies. Les autorités civiles n'ont pas voulu rester en-deçà des autorités religieuses. S. Exc. Naoum Pacha, gouverneur général du Liban, avait envoyé de sa part le Préfet du district de Ghazir. Un grand nombre d'officiers civils et militaires, de juges, d'avocats avaient tenu à honneur d'assister à cette cérémonie funèbre. Le nombre des personnes présentes s'élevait à près de 9,000. Les honneurs militaires furent rendus au prélat défunt par un piquet qu'avait envoyé le gouvernement général.

« Plusieurs discours furent prononcés; mais le plus remarquable fut l'oraison funèbre du P. Raad relatant la vie et les principales qualités de l'illustre défunt.

« Le voilà donc dans la tombe, cet homme dont la vie a été consacrée tout entière à faire du bien à ses frères. Mais s'il est mort, il n'est pas mort tout entier, il revit dans ses œuvres, il nous parle par ses travaux.

« Il n'a pas semé dans une terre stérile et il laisse après lui des appuis et des soutiens qui continueront ce qu'il a commencé. L'œuvre d'un tel homme ne peut périr; elle ira s'agrandissant de jour en jour. »

Le Bien public.

(41e année, n° 75). — (16 Mars 1893).

« Une grande et belle figure vient de disparaître de la scène du monde. Le 16 février dernier, s'est endormi à Beyrouth dans la paix du Seigneur, à l'âge de 53 ans, Mgr Louis Zouaïn, ancien chorévêque de Beyrouth, fondateur et premier supérieur du collège Saint-Louis à Ghazir.

« Apôtre infatigable, il consacrait ses jours et ses nuits au service de ses frères et de son pays; patriote ardent et sincère, il voulait donner à son prince qu'il vénérait et estimait des hommes de choix et d'élite. Il fut mêlé à une foule d'événements et toujours on n'a eu qu'à se louer de ses conseils et de ses avis.

« Ses funérailles ont eu lieu à Ghazir, dans

la chapelle de son collège, le samedi 18 février, à midi, au milieu d'une affluence considérable de personnes venues des coins les plus reculés du Liban. Dans la nombreuse assistance on remarquait Mgr Joseph Najem, représentant le Patriarche des Maronites; Mgr Jean Mourad, évêque du diocèse; des prêtres venus de la part de Son Exc. Monseigneur le Délégué apostolique, de la part des Jésuites, des Capucins et des Lazaristes, etc. S. Exc. Naoum Pacha, gouverneur général du Liban, s'était fait représenter par le Kaïmakam (Préfet) du district de Kosrouan; on remarquait aussi de nombreux personnages officiels, civils et militaires. Plus de 9,000 personnes étaient présentes.

« Comme l'a très bien fait remarquer le R. P. Jean Raad-Assé dans sa magnifique oraison funèbre, Mgr Zouaïn était l'homme le plus humble, le plus pieux, le plus zélé et le plus désintéressé que l'on vit jamais. Il consacra toute sa vie à faire du bien à ses frères, et la douleur des élèves de son collège prouve à quel point ce tendre Père était aimé et estimé. La douleur de ses enfants est adoucie cependant par cette pensée que, du haut du ciel, Mgr Zouaïn veillera sur son œuvre et qu'il la protégera. Il a laissé après lui des hommes zélés, formés à son image, pénétrés de ses idées, qui continueront ce qu'il a commencé; à l'avenir comme par le passé, la jeunesse libanaise trouvera au collège Saint-Louis de Ghazir cette instruction sérieuse et chrétienne qu'elle y puisa du vivant de l'illustre fondateur de cette œuvre. Daigne le Ciel bénir et faire prospérer cette institution toute de Dieu et pour Dieu ! »

PRÉFACE

J'avais résolu de faire une relation complète de mon voyage d'Orient en France, de dire la bienveillante réception qui m'a été faite dans toutes les villes que j'ai parcourues, d'exprimer à cette nation toujours chevaleresque, généreuse et hospitalière pour les étrangers, quelles que soient leurs infortunes, la reconnaissance qu'elle m'inspire, et l'amour que son souvenir laissera à jamais dans mon cœur.

Des occupations nombreuses et pressantes me font renvoyer ce travail à une époque où je puisse trouver un peu plus de loisir ; aujourd'hui, je me contenterai d'une causerie, si je puis m'exprimer ainsi, avec le lecteur qui voudra bien m'accueillir ; je m'efforcerai de lui faire aimer le Liban, si riche en souvenirs bibliques, et si passionné pour la France sa mère adoptive.

Pendant près de quinze ans, élève puis professeur de langue arabe au collège des Révérends Pères Jésuites de Ghazir, j'y ai apprécié la France, en apprenant à la connaître par cette illustre société de la Compagnie de Jésus, qui ne ménage à mon pays ni son dévouement ni son amour. Connaître de loin la France n'était point assez ; je voulus la voir, et Dieu a exaucé mon désir en inspirant à Mgr Debs de me désigner pour venir étudier les résultats de la civilisation dans ce beau pays.

Pour saisir plus que la physionomie d'une contrée, pour s'identifier à la vie d'un peuple impressionnable, ardent, passionné, aussi riche par le cœur que fécond par l'intelligence, il me fallait plus de deux ans de séjour, même en les passant dans un monde savant et observateur ; j'ai donc dû rester plus longtemps en France afin de pouvoir rendre fructueux pour mon pays et mon voyage et mes observations.

« Allez en France, m'a dit un Jésuite, mon « professeur, vous serez au milieu d'un nou- « veau monde, vous y acquerrez des idées

« qui vous serviront et serviront à votre « pays. » J'y suis venu ; j'ai touché à ce sol aimé de mes pères ; j'y ai été l'hôte bienvenu, j'y ai recueilli quelques étincelles de ce foyer de lumières pour les porter à mon pays. Grâce à elles, il vivra, lui aussi, de la vie intellectuelle qu'alimentent si puissamment les ressources de la science, les merveilles des arts et les richesses de l'industrie. J'espère que cette vie nouvelle, sous l'influence de notre ciel si chaud, mûrie par l'invincibilité de notre foi, abritée par la noblesse de nos traditions, donnera à nos peuples une ère nouvelle de progrès, sans altérer en rien ses croyances chrétiennes.

La civilisation chrétienne !... Ah ! ne vous étonnez pas qu'elle ait parlé au cœur du Maronite, qu'elle l'ait fait tressaillir, qu'il s'en soit violemment épris ! Ne vous étonnez pas qu'il vienne aujourd'hui vous demander quelques-unes des immortelles pensées qui la fécondèrent et l'exemple de quelques-uns de ces grands courages qui l'ont faite si grande et si forte. France ! Étoile bien-aimée, rayonne encore, rayonne toujours sur le monde, et qu'un de tes rayons bénis pénètre jusques aux montagnes oubliées du Liban. Des cœurs généreux, bons, tristes parce qu'ils sont malheureux, l'y recevront; le nom français s'y perpétuera d'âge en âge, notre histoire l'ajoutera peut-être aux pages sacrées de la Bible, et si, ce qu'à Dieu ne plaise ! un jour ton nom devait être effacé du milieu des nations, il est un peuple, s'il te survit, qui le gardera toujours dans son cœur : c'est le peuple maronite !

Mon but a toujours été et sera toujours de faire en sorte que le jeune clergé du Liban devienne par son instruction et ses lumières l'émule du clergé européen. Pour atteindre ce but, la formation d'un clergé indigène est indispensable, c'est donc l'œuvre à laquelle je consacre mon temps et ma santé.

J'ai l'intention, dans ces quelques pages, d'éclairer sur quelques points, d'une grande importance pour nous, un certain nombre de personnes qui, soit par ignorance, soit par parti pris, s'aveuglent sur ces questions si graves.

Ces quelques points sont les suivants :

Premièrement : Il y a des catholiques qui, sur l'assertion de quelques livres mal renseignés ou sur les insinuations de sectaires intéressés à décrier l'Église, accusent les Maronites d'être tombés dans le schisme et l'hérésie et de ne s'être relevés qu'après plusieurs siècles d'erreur.

Secondement : Quelques autres, égarés par les différences qui existent entre notre hiérarchie et nos rubriques, et celles qu'ils sont accoutumés à voir, s'imaginent que le désarroi le plus complet règne dans notre Église et que toutes nos dignités et nos pratiques ne sont que des inventions frivoles.

Troisièmement : Beaucoup enfin croient de très bonne foi que tous les Chaldéens, tous les Arméniens, tous les Cophtes, tous les Syriens et tous les Grecs sont schismatiques, tandis que la vérité est qu'il y a des Chaldéens catholiques ainsi que des Arméniens, des Cophtes, des Syriens et des Grecs qui tous font les plus grands efforts pour ramener à la foi leurs frères égarés.

J'essayerai donc, dans une première partie, de faire connaître l'état de l'Église du

Liban, ses provinces ecclésiastiques, sa hiérarchie, ses ordres religieux. Je tracerai ensuite à grands traits l'histoire du Liban, et donnerai quelques détails sur les différents peuples qui l'habitent. Je terminerai cette première partie par l'étude des relations de la France avec le Liban, pour montrer à ceux qui l'ignorent, que le peuple français ne peut pas être indifférent au sort du peuple maronite.

La seconde partie montrera clairement la légalité de ma mission, et les sympathies qui partout ont accueilli les missionnaires libanais, malgré les fâcheux augures prononcés par des gens malintentionnés à l'égard des prêtres orientaux qui viennent en Europe.

NOTES ET SOUVENIRS

PREMIÈRE PARTIE

LE LIBAN

En hébreu, le mot Liban signifie blancheur; c'est une allusion à la neige qui couvre continuellement les cimes des hautes montagnes de ce pays.

Le Liban s'étend depuis le mont Carmel, au midi, jusqu'à Antioche, au nord; sa longueur est d'environ 250 kilomètres, et sa largeur de 75. Un bon cavalier peut donc, en un seul jour, le traverser dans sa plus grande largeur.

On sait que le Liban n'est que l'ancienne Phénicie célèbre dans l'antiquité par ses villes de Joppé, de Tyr et de Sidon; par ses cèdres qui ont servi à la construction du temple de Salomon; par son Mont-Carmel, séjour du prophète Élie, habité par Jésus-Christ et sa mère, célèbre enfin par Césarée où Notre-Seigneur Jésus-Christ guérit la fille d'une Chananéenne (MATTH., XV).

Je ne donnerai ici qu'un aperçu des événements qui ont ruiné son ancienne prospérité, disséminé ses peuples, et réduit à un nombre infime sa population catholique.

Je parlerai du Liban au point de vue religieux, historique et scientifique.

Le Liban est occupé par plusieurs nations : les Maronites, les Druses, les Mutualis, les Musulmans, les Nossaïri, les Grecs unis, les Grecs schismatiques, les Syriens, les Arméniens, les Juifs, sans parler des colonies venues d'Europe.

CHAPITRE PREMIER

Les Maronites, leur origine.

Vers la fin du IVe siècle, pendant que l'hérésie des Nestoriens faisait de grands et cruels ravages dans toute la chrétienté, vivait dans la Syrie, près d'Antioche, un religieux qui s'appelait *Maron ;* il menait la vie des solitaires dont Théodoret, évêque de Kauroche, en Syrie, a écrit l'histoire. Telle était la réputation de ce saint religieux que saint Jean Chrysostome lui demanda des prières dans une de ses lettres. Ce vaillant Maron, animé d'un zèle apostolique pour défendre l'Église catholique et ses conciles, exhorta vivement les Syriens à rester fidèles à leur foi. Les miracles par lesquels Dieu confirma sa parole lui ont mérité d'être mis au nombre des Saints dont s'honore l'Église, et les papes ont accordé des indulgences le jour de sa fête (1).

(1) Le 15 avril 1734, le pape Clément XII accorda une indulgence plénière à ceux qui, le cœur contrit et humilié, visitent les églises des couvents libaniens, le 9 février, jour

Saint Maron mourut en l'année 410 et fut enseveli dans un couvent qui porte son nom. Mais lorsque Justinien II, empereur de Constantinople, eut dévasté le couvent et mis à mort 360 religieux maronites qui n'avaient pas voulu embrasser l'hérésie des Monothélites, saint Jean Maron, premier patriarche de la nation, transporta le chef de saint Maron dans une église qu'il fit bâtir en son honneur dans un village des environs de Batroun.

En l'année 1120, un religieux bénédictin de Foligno, Italie, voyageant en Syrie, transporta dans son pays ce précieux trésor et érigea une église à laquelle il donna le nom du saint. Plus tard, l'archevêque du diocèse mit le chef de saint Maron dans son église cathédrale.

Ce peuple resté fidèle à la foi catholique, grâce au zèle de saint Maron et de ses religieux, fut par dérision appelé par les hérétiques *maronite,* c'est-à-dire partisan de la croyance de saint Maron. Depuis le ve siècle jusqu'au viie on les appela tantôt *Maronites,* tantôt *Mardaïtes,* c'est-à-dire *rebelles,* parce qu'en dépit des ordres de l'Empereur de Constantinople, et pour conserver intactes les croyances de leurs pères, ils déclarèrent la guerre aux Sar-

de la fête de saint Maron. Le 12 août 1744, Benoît XIV étendit cette indulgence à toutes les églises de la nation, présentes et à venir.

rasins et avec l'aide de Dieu les chassèrent de la Terre-Sainte, de la Phénicie et les repoussèrent jusqu'au-delà de l'Arménie.

En 658, voulant avoir un chef ecclésiastique, les Maronites se constituèrent en assemblée et élurent un religieux appelé Jean Maron, du couvent de Saint-Maron. Il fut présenté au délégué apostolique du pape Martin, Jean Philadelphe, qui le sacra évêque de Dgebaïl et Batroun.

Plus tard (686) l'évêque, Jean Maron, étant venu à Rome, fut nommé patriarche des Maronites et à son retour établit une hiérarchie dans son patriarcat, créa des diocèses et sacra plusieurs évêques pour les mettre à leur tête. Il mena une vie si sainte et si pure qu'il a été inscrit dans le martyrologe et que le Saint-Siège accorda des indulgences plénières, le jour de sa fête, à tous ceux qui visitent les églises maronites (1).

Depuis saint Jean Maron jusqu'à nos jours, les patriarches de la nation maronite, nom devenu national, ont gardé le titre de patriarches d'Antioche.

(1) Le 30 janvier 1820, le pape Pie VII accorda une indulgence plénière pour tous ceux qui visitent l'église de Saint Jean-Maron dans le village de Kafar-Haï, le jour de sa fête, 2 mars Le 27 mai 1821, le même pape étendit cette faveur à toutes les églises de la nation.

Par suite des persécutions et des dévastations qui ensanglantèrent le Liban, il serait impossible de citer exactement l'année dans laquelle ont occupé le siège d'Antioche quelques-uns de nos premiers patriarches.

Voici leurs noms :

1. Jean Maron (686).
2. Kauroche (707), neveu de Jean Maron.
3. Gabriel.
4. Jean Maron II.
5. Jean III.
6. Grégoire.
7. Stéphanos.
8. Marc.
9. Osebius.
10. Jean IV.
11. Josué.
12. David.
13. Grégoire II.
14. Théophile ou Habib.
15. Josué II.
16. Doumith.
17. Isaac.
18. Jean V.
19. Simon.
20. Jérémie.
21. Jean VI.
22. Samson Ier.
23. Samson II (1).
24. Joseph Georgesi.
25. Pierre (1121).
26. Grégoire III (1130).
27. Jacques.
28. Jean VII Lehfdi (2).
29. Jérémie (1209) (3).
30. Daniel (1230).
31. Jean VIII.
32. Chamoun ou Samson (1245).
33. Jacob (1277).
34. Daniel II (1279).
35. Luc (1283).
36. Chamoun ou Samson II (1322).
37. Jean IX (1357).

(1) Les quatre derniers ont occupé le siège patriarcal après l'arrivée des Croisés en Orient.

(2) Après ce patriarche, le savant Assémani en cite trois autres qui le suivirent sous le nom de Pierre.

(3) Depuis ce patriarche les maronites prirent pour la sainte messe les mêmes ornements que les latins. Le pape Innocent III a fait sculpter le portrait de ce patriarche sur l'autel de Saint-Pierre à Rome. Ce portrait que le temps allait détruire fut remis en 1655 par le pape Innocent X.

38. Gabriel II (1367).
39. David II, nommé Jean (1397).
40. Jean X (1436).
41. Jacob II (1445).
42. Pierre II (1458) (1).
43. Chamoun III (1492).
44. Moïse (1524).
45. Michel (1567).
46. Sargios (1581).
47. Joseph II (1597) (2).
48. Jean XI (1608).
49. Georges (1633).
50. Joseph III (1644).
51. Jean XII (1648).
52. Georges II (1657).
53. Stephanos II Douaïhi (1670) (3).
54. Gabriel III.
55. Jacob IV (1705).
56 Joseph IV El-Khazen (1733).
57. Simon V (1743).
58. Tobie Ier El-Khazen (1756).
59. Joseph V (9 juin 1766).
60. Michel II (10 sept. 1793)
61. Philippe (12 juin 1795).
62. Joseph VI (28 avril 1796).
63. Jean XIII (8 juin 1809).
64. Joseph VII Habeiche (25 mai 1823).
65. Joseph VIII El-Kazen (18 août 1845).
66. Paul Manad (12 nov. 1854).
67. Jean Hage (18 avril 1890).
68. Elias Hoyek (1899).

Un grand nombre de ces patriarches sont morts pour leur foi. Malgré les persécutions et les misères de toute nature qui les ont assaillis, aucun n'a failli aux devoirs que lui imposait une si haute dignité.

(1) Il serait plus exact de le nommer Pierre IV, car après le patriarche Jean Lehfedi il y a eu trois patriarches de ce nom.

(2) Depuis ce patriarche (1597) les maronites suivirent la date grégorienne.

(3) Le patriarche Stephanos II fonda en 1695 la communauté des religieux maronites de Saint-Antoine, approuvée par le Saint Siège en 1732.

CHAPITRE II

Sièges patriarcaux.

A la mort de Jésus-Christ les Romains gouvernaient l'Europe, l'Asie et l'Afrique; ils avaient trois villes capitales, Rome pour l'Europe, Antioche pour l'Asie, Alexandrie pour l'Afrique : ces trois villes devinrent les trois grands sièges de la nouvelle Église.

Mais en l'an 400, lorsque Constantin fonda Constantinople, cette ville devint métropolitaine, et plusieurs Jateliks, avec l'agrément du roi et le consentement du Pape, se séparèrent de l'Église d'Antioche pour appartenir à la juridiction religieuse de la nouvelle ville.

En 451, le concile de Chalcédoine décida que les métropolitains de Césarée, en Palestine, de Chitopolis, de Pitra, en l'Arabie Pétrée, formeraient le siège de Jérusalem indépendant du siège d'Antioche.

En 553, le pape Vigile éleva le siège au titre de Patriarcat. Cette nouvelle dignité ne fut connue que vers le temps du concile de Chalcédoine.

L'Église d'Orient compta quatre sièges patriarcaux : Alexandrie, Antioche, Constantinople et Jérusalem. Je ne donnerai pas ici l'exposé de l'état de chacun de ces patriarcats et des fluctuations qu'ils durent subir sous l'influence des erreurs qui les ont déchirés. Celui d'Antioche nous occupera spécialement, le patriarche des Maronites portant le nom de patriarche d'Antioche.

Le siège d'Antioche a été fondé par saint Pierre, qui en fit sa première chaire. Le prince des Apôtres quitta cette ville sept ans après.

Ce siège eut plus tard sous sa juridiction l'Asie et tout l'Orient, il comptait 6 jateliks, 27 métropolitains et 166 évêques.

Avant l'apparition de l'hérésiarque Nestorius, ce vaste et magnifique siège avait déjà perdu une partie de sa juridiction, car les patriarcats de Constantinople et de Jérusalem furent pris sur son étendue. Mais il fut surtout réduit par la séparation des Chaldéens, des Arméniens et des Syriens.

LES CHALDÉENS

L'unité de la doctrine fut fortement ébranlée chez ces peuples quand Nestorius, né à Antioche sous Théodose le Petit, y sema l'hérésie. Ce fut peu de temps après son élévation à la dignité épiscopalele, 1er avril 428, qu'il laissa apercevoir combien il était imbu des doctrines empoisonnées de ses maitres Duodoras, évêque de Tharsas, et Théodore, évêque de Massisa. Il osa dire qu'en Jésus-Christ il y a deux personnes : la personne humaine et la personne divine et que par conséquent la Sainte Vierge n'était pas la Mère de Dieu, mais seulement la Mère de Jésus.

Dès que saint Cyrille, évêque d'Alexandrie, fut instruit de cette hérésie, il s'éleva avec force contre Nestorius et sa doctrine. N'ayant pu le convaincre ni par la force des arguments ni par la tendresse de ses conseils, il se vit forcé de le dénoncer au pape Célestin. De son côté, Nestorius fit connaître ses enseignements au Saint-Siège qui soumit les antagonistes aux décisions d'un concile réuni à Rome en août 430. La doctrine de Nestorius fut anathématisée et l'hérétique menacé d'être déposé de son siège s'il ne rétractait son erreur avant dix jours.

Saint Cyrille fut chargé d'exécuter l'ordre du Saint-Siège et envoya de Constantinople quatre évêques pour communiquer à Nestorius les décrets qui le condamnaient. Nestorius demeura opiniâtre, et saint Cyrille dut informer le Saint-Siège de la persistance de l'hérésiarque. Il pria en même temps le Pape, au nom de tous les catholiques demeurés fermes dans la foi, de convoquer un deuxième concile qui pût mettre fin à cette hérésie. Sa demande fut agréée, et le pape, ne pouvant présider le nouveau concile, y envoya deux évêques, Archadius et

Prouatius, ainsi que le prêtre Philippe, qui avec saint Cyrille devaient le représenter. Le concile se réunit à Éphèse le 7 juin 431.

Nestorius, présent à l'examen de sa doctrine, persista à la soutenir en dépit des raisonnements qui le convainquaient d'erreur; il fut condamné, excommunié et exilé par ordre de Théodose. Il mourut dans son exil; mais avant sa mort, par un juste châtiment de Dieu, sa langue blasphématrice fut rongée par les vers.

Nestorius avait trouvé des défenseurs de ses erreurs, et Jahiba, nommé évêque de Rhaa, en 435, fut dans toute la Chaldée l'apôtre de sa doctrine. Parsoum, évêque de Nasib, prêcha aussi cette hérésie aux Persans et aux Arabes ; elle pénétra par ces derniers dans toute l'Arménie, les Indes, la Chine, l'Afghanistan et dans tout l'Orient.

Babaous, évêque de Salouki en 498, gagné au parti de l'hérésie, se sépara du patriarche d'Antioche, et usurpa le titre de patriarche que gardèrent ses successeurs jusqu'en 1561. Les Nestoriens se divisèrent bientôt en deux partis, l'un nomma un patriarche, du nom d'Élie, qui demeura près de Mossoul, l'autre élut un nommé Simon qui demeura à Ourmia dans les montagnes de la Perse. Ce sont là quelques-uns des malheurs, fruits de l'hérésie.

De 630 jusqu'à 1552, il y eut plusieurs conversions éclatantes : on peut citer le retour de l'évêque Sahdoun et des Jérémiques dans le pays d'Arak en 630, la conversion de Timothée, évêque de Chypre, en 1445, sous le pontificat d'Eugène. Celle des Nestoriens de Malabar en 1599; et en 1630 celle des Sabéens, peuples de l'Arabie et de la Perse, qui portaient le nom de chrétiens de saint Jean-Baptiste.

Mais le mouvement de conversion s'était accentué surtout à partir de 1248 sous le pontificat d'Innocent VI. Arah, procureur de l'Orient, fut envoyé au Saint-Père au nom de son patriarche Sebr-jechouk pour lui faire sa soumission. Une seconde conversion eut lieu sous le patriarcat de Jahballa (1281) et le pontificat de Nicolas IV.

Un troisième retour à la foi, qui fut enfin définitif, se fit en 1552 sous le pontificat de Julien III qui donna aux Chaldéens un patriarche du nom de Jean. Depuis cette troisième conversion le patriarcat chaldéen catholique n'a pas eu d'interruption sérieuse. Le pape Léon XII a déclaré que le patriarche de la Chaldée prendrait le nom de patriarche de Babylone.

Une seconde hérésie, qui n'affligea pas moins l'Église d'Orient, succéda à celle de Nestorius. Eutychès, religieux qui vivait en 442 dans un couvent, près de Constantinople, osa dire qu'il n'y a qu'une nature en Jésus-Christ. Aphlabianus, évêque de Constantinople, s'éleva contre lui, et tous deux en appelèrent à Rome. Le pape Léon désapprouva la doctrine d'Eutychès; mais celui-ci comptait beaucoup de défenseurs à la cour de Théodose, empereur de Constantinople. Dioscore, évêque d'Alexandrie, et Parsoum, archimandrite, prirent sa défense et réunirent dans la ville d'Éphèse un faux concile, qui est connu dans l'histoire ecclésiastique sous le nom de *concile du brigandage*.

Dans ce concile on approuva la doctrine d'Eutychès, et saint Flavien fut condamné à l'exil.

Dioscore retourna ensuite à Alexandrie, et commença à prêcher l'hérésie d'Eutychès. Le pape Léon, ayant appris cette triste nouvelle, réunit à Rome un concile qui condamna tout ce qu'avait fait le *concile du brigandage* (449).

Cette condamnation ne suffisant pas, le successeur de Théodose sollicita du Saint-Siège la convocation d'un second concile; on le tint à Chalcédoine, ville de l'Asie Mineure, en 451, sous la présidence d'évêques et de prêtres délégués du pape. Trois cents évêques y furent appelés; Dioscore, Parsoum et tous les partisans d'Eutychès étaient présents aux débats du concile, mais leur cœur plein d'orgueil rejeta la saine doctrine : Dioscore fut condamné, déposé de son siège et envoyé en exil, où il mourut en 458.

En l'année 460, un élève de Dioscore, nommé Samuel, propagea son erreur dans toute l'Arménie. En 535, une nouvelle hérésie parut; les Arméniens, déjà hérétiques, l'acceptèrent et donnèrent à l'erreur une nouvelle secte.

Julien, évêque d'Halicarnasse en Asie Mineure, en fut le promoteur : d'après lui, le corps de Jésus-Christ, même avant sa mort, était incorruptible. Justinien Ier, empereur de Constantinople, embrassa cette nouvelle hérésie en 563. Quelques ans avant, les Arméniens avaient réuni à Taphen (550) un concile schismatique; et c'est, croit-on, à cette époque qu'ils se séparèrent non seulement de l'Église d'Antioche, déjà démembrée par eux, mais encore qu'ils rompirent définitivement avec l'Église romaine.

Pourtant au concile de Florence en l'année 1439, sous le pape Eugène IV, les Arméniens se soumirent à l'Église catholique; malheureusement leur fidélité s'est souvent démentie; toujours inconstants, tantôt ils en refusaient le joug, tantôt ils l'acceptaient. (Voir Aldor Almarzoum, pages 104, 105, 106.) La partie de cette nation retournée à la foi catholique finit par se trouver sans patriarche jusqu'à ce qu'Abraham Aïntabi, sacré évêque en 1708, eût été nommé, le 27 novembre 1729, patriarche des Arméniens de Cilicie. Il ne fut approuvé par le pape Benoît XIV (26 novembre 1743) qu'après la mort du patriarche hérétique, et prit le nom de Pierre, nom que portèrent depuis tous ses successeurs.

Mais les hérétiques persécutant sans relâche les patriarches de Cilicie, ces derniers ne purent rester sur leur siège et vinrent chercher refuge au Liban. Le 25 avril 1743, Benoît XIV écrivit à la nation maronite, à son patriarche, à ses évêques et à tout son clergé pour leur recommander le patriarche cilicien et tout son peuple. Ce patriarche établit sa résidence dans le Kâsravan dans le couvent de Saint-Sauveur, où il passa sa vie et où demeurèrent désormais ses successeurs.

Plus tard, ils s'établirent au couvent de Bzoumar, à 5 kilomètres de celui de Saint-Sauveur ; ce fut leur résidence définitive jusqu'au dernier patriarche nommé en 1843.

En 1830, Pie VIII nomma un primat arménien qui avait la juridiction sur tous les Arméniens catholiques habitant Constantinople et les provinces avoisinantes ; Michel, patriarche cilicien, résidait au Liban, lorsqu'à la mort de Grégoire XVI le Saint-Siège manifesta le désir de ne plus voir les Arméniens catholiques soumis à des juridictions différentes. Pour obéir à ce vœu les Arméniens se réunirent à Bzoumar, en présence de Mgr Valerga, délégué apostolique, et nommèrent patriarche de Cilicie Mgr Hassoum, primat de Constantinople. Le Saint-Siège l'approuva et lui donna Constantinople pour résidence.

Le séjour des patriarches arméniens, parmi les Maronites, fut pour tous un sujet d'édification. Leur sainteté était proverbiale dans le Liban et le lieu de leur retraite devint un lieu de pèlerinages. On tenait à honneur de recevoir leur bénédiction. Les habitants allaient chercher l'eau qu'ils avaient bénite pour en jeter quelques gouttes sur les vers à soie nouvellement éclos et sur leur nourriture à l'époque de la récolte ; les malades buvaient de cette eau pour se guérir et les personnes d'une grande piété étaient appelées fils de Bzoumar (1). Un séminaire avait été fondé dans le couvent pour l'instruction des prêtres arméniens.

Après le concile du Vatican, en 1869, un nouveau schisme se déclara ; une partie des Arméniens ne voulurent pas reconnaître l'autorité patriarcale de Mgr Hassoum et se choisirent un autre patriarche, malgré tous les efforts

(1) Je me rappelle être allé à Bzoumar quand je revêtis l'habit ecclésiastique. Je m'agenouillai aux pieds du patriarche Grégoire : « Lève-toi, cher enfant, me dit-il, écoute un vieillard et un père pour les Maronites. Dieu t'a appelé à être prêtre, sache bien que le devoir d'un prêtre dans le temps présent exige une connaissance plus étendue, plus complète des hommes et des choses qu'autrefois ; ne perds pas le temps, précieux pour le travail, et sois utile à la patrie. »

que fit la papauté pour prévenir la rébellion.

La division pénétra dans le couvent de Bzoumar, les schismatiques chassèrent ceux qui étaient restés fidèles, et le couvent, où régnaient jadis la paix et le calme, devint un centre d'erreur et de trouble. Mais les prières de l'Église et la protection des patriarches ciliciens morts à Bzoumar en odeur de sainteté obtinrent à cette Église un nouveau retour à la foi.

La patriarche illégitime, Kupellian, est venu tout dernièrement s'agenouiller aux pieds de Léon XIII et lui faire sa soumission. C'est avec une indicible joie que le Saint-Père reçut cette brebis revenant au bercail ; il lui ouvrit ses bras, le combla de tendresse et lui donna les éloges que méritait son généreux courage.

La vérité a parlé à cette âme droite et pure ; le XIXe siècle a été témoin d'un de ces grands retours à la foi que l'histoire raconte avec orgueil et que l'Église enregistre avec amour.

Le sultan, qui en cette circonstance s'est montré le défenseur du droit des catholiques, reçut de Sa Sainteté une lettre de remerciements et de félicitations pour sa conduite bienveillante.

LES SYRIENS ET LES JACOBITES

Pendant que l'hérésie d'Eutychès continuait ses ravages, un religieux du nom de Jacques

Bouradaïe, qui avait usurpé le siège du Rhaa en 541, donna à la doctrine déjà condamnée une nouvelle interprétation. La secte qui suivit son enseignement s'appela *jacobite ;* elle se sépara de l'Église d'Antioche et commença à avoir des patriarches dans la Syrie et la Mésopotamie.

Les patriarches n'avaient pas de résidence fixe; en l'année 1155, on les voit pourtant résider dans la montage de la Phif, près de Mossoul. Parmi les Jacobites, la dissension régna presque constamment de 1354 à 1494. Chaque parti optait pour un patriarche. Cependant, à la fin du XVe siècle, tous les chefs de sectes hérétiques se réunirent et résolurent de n'avoir qu'un seul patriarche d'Antioche.

A ce moment, l'Église catholique romaine compta quelques conversions ; mais, comme la plupart n'ont été qu'éphémères, je ne les signalerai pas ici (Voir *Aldor-Almanzoum*).

C'est au XVIIe siècle qu'eurent lieu de sérieux retours à la foi ; André Aukhaïdjean commença la conversion d'une grande partie des Jacobites. Il avait lui-même été converti par Joseph Pierre, patriarche maronite d'Antioche, et en 1656 fut sacré évêque des Syriens convertis d'Alep par Jean Pierre Séphraunie, patriarche maronite, qui l'envoya à Alep avec Stéphan Douaïhi pour l'aider à convertir les Jacobites. Le nouvel évêque eut la joie de voir fructifier son apostolat ; un grand nombre de Jacobites revinrent à la croyance catholique et prirent le nom de Syriens catholiques.

En 1662, Aukhaïdjean fut élu patriarche des nations syriennes et approuvé par le pape Alexandre VIII. Depuis lors, ce siège a toujours été pourvu de patriarches.

Mais la persécution les a chassés de leur résidence ; Michel Dionisios Jérui fut le premier obligé de s'enfuir ; il vint dans le Liban habiter le couvent de Chaarfé dans le Kasrawan (1757). Ses successeurs y sont restés jusqu'en 1839. Ayant obtenu un firman du sultan, le patriarche syrien quitta le Liban ; depuis il réside tantôt à Alep, tantôt à Dierbak. Ce contact des deux peuples a servi à les édifier mutuellement. Le patriarche syrien, au milieu des Maronites, à l'abri de toute persécution, établit dans sa résidence un petit séminaire, des prêtres y furent instruits, ordonnés et envoyés dans la Mésopotamie afin de convertir les Jacobites.

Le séminaire est encore à Kesrouen, et beaucoup de prêtres qui en sortent se mêlent à notre clergé maronite et vivent avec lui très amicalement ; d'autre part, beaucoup de nos prêtres deviennent professeurs dans ce séminaire.

LES COPHTES

Les Cophtes sont les partisans de Théodose patriarche d'Alexandrie qui, au milieu d ve siècle, prêcha l'hérésie d'Eutychès.

Les évêques égyptiens, après le retour d concile de Chalcédoine, réunirent tout le clerg et les principaux de la ville pour se choisir u patriarche à la place de Dioscore ; ils nommè rent Proutoure (453). Ils écrivirent au pap Léon pour témoigner leur soumission et lı rappeler leur persévérance dans la doctrin romaine. Le Pape félicita les évêques d'Alexan drie, mais quelques partisans de Dioscore sou levés par Timothée Nems, religieux d'Alexan drie, renouvelèrent la discorde. Ces factieu refusèrent obéissance à Proutoure, excitèren des mouvements populaires et parvinrent chasser le patriarche et à mettre à sa place T mothée Nems.

Le pape Léon déposa cet usurpateur du siège d'Alexandrie, il y revint en 461 ; mais dépos de nouveau, et n'y pouvant plus revenir, s'empoisonna. Des hérétiques lui donnèren pour successeur Pierre Mourouck qui fut dépos par le pape Simplicius, mais revint à son siège

Vers le même temps, une nouvelle divisio sépara de Rome l'Église d'Alexandrie (Voir *A dor-Almanzoum,* page 54). Les Cophtes de cett ville nommèrent un patriarche qui y résid encore. Il a juridiction sur les Cophtes de l'Abyssinie, du Thibet et de toute l'Égypte jusqu'à la Palestine.

A plusieurs reprises, l'Église put se réjouir de la conversion des Cophtes, mais, hélas! ces joies n'étaient que momentanées. Les soumissions reçues et acceptées à Rome étaient rétractées presque aussitôt par ces patriarches vacillants qui toujours retombaient dans l'erreur.

On doit pourtant au zèle des PP. Lazaristes, des PP. Capucins et des PP. Franciscains, un petit nombre de conversions. Pour les favoriser, la Propagande reçut dans ses séminaires un lévite indigène, qui fut nommé évêque pour administrer selon leur rite les Cophtes convertis (1).

LES GRECS UNIS

On sait que Photius a usurpé le patriarcat de Constantinople en 858. Il fut excommunié par le pape Nicolas Ier pour avoir enseigné que le Saint-Esprit ne procède que du Père. Cet hérétique, devenu chef de la doctrine d'Eutychès, fit embrasser cette nouvelle erreur à toute l'Église grecque.

Ce peuple a accepté, puis abandonné le schisme quatorze fois. Enfin, au concile de Flo-

(1) Il y a quatre ans, S. S. Léon XIII a créé un nouveau patriarcat catholique pour les Cophtes. Le premier patriarche est Mgr Macaire, un prélat très érudit et très zélé. Il a fait ses études à l'université des Pères Jésuites à Beyrouth.

rence (1439), il finit par rentrer dans le sein de l'Église romaine; mais la plus grande partie des convertis est de nouveau tombée dans l'erreur; ceux qui sont restés fidèles sont soumis à la juridiction des évêques latins.

A la suite d'une discussion qui eut lieu en 1723 entre le patriarche maronite et le patriarche grec, assisté de quatre de ses évêques, un grand nombre de partisans de l'Église grecque en Syrie et en Égypte embrassèrent la doctrine de l'Église romaine. Rome leur donna un patriarche et ils prirent le nom de *catholiques*. On appelle ainsi tous les Grecs convertis qui sont sous la juridiction du patriarche d'Alexandrie. Ceux qui sont sous celle des évêques latins, quelle que soit leur résidence, portent le nom de Grecs unis.

Le pape Grégoire XVI accorda, en 1838, au patriarche Maximos Mazeloum l'autorisation de signer comme patriarche d'Antioche, d'Alexandrie et de Jérusalem, c'est-à-dire d'avoir la juridiction sur tous les catholiques convertis du schisme de Photius, établis dans la Syrie et dans l'Afrique.

A la fin de ce rapide aperçu, on a le cœur serré en voyant combien de chrétiens de l'Église d'Antioche se sont séparés de l'unité de la foi pour aller se stériliser dans des schismes continuels et des querelles sans fin.

CHAPITRE III

Orthodoxie des Maronites.

Les Maronites, comme nous l'avons vu, appartenaient, avant de s'être constitués en nation, à l'Église catholique syrienne; mais pour n'être point mêlés à cette Église tombée dans le schisme, ils se séparèrent et gardèrent leur foi telle que la leur ont transmise les apôtres. Toujours fidèles au Saint-Siège, leur orthodoxie a été reconnue par tous les historiens et louée par un grand nombre de papes.

Les principaux ouvrages que l'on peut consulter à cet égard sont chez les Maronites ceux d'Abraham-El-Aklani, de Gabriel sionite, de Georges Ahmaïra, de Merheje, fils de Namroun, de Stéphane Douaïhi, d'Alexandre Chypriote, de Mgr Assemani, de Pierre Mobarack, de Joseph Stéphane, patriarche d'Antioche, et celui de notre patriarche actuel ayant pour titre Aldor-Almanzoum.

Parmi les autres étrangers on peut citer le P. d'Andini, jésuite, le P. Thomas, carme, le

P. Pricius, capucin, le P. Michel Lequien, dominicain.

Écoutons quelques témoignages des Souverains Pontifes : je les prends dans le savant *Aldor-Almanzoum* de Sa Béatitude Mgr Paul Massad.

Benoît XIV, au consistoire du 13 juillet 1744, prononçait une allocution où il disait : « En « vérité, les Maronites furent toujours, comme « ils le sont à présent, entièrement catholi- « ques, unis à ce Saint-Siège et pleins de « dévouement et de vénération pour le Pontife « romain et pour leur patriarche. » Avant lui, Clément XI, dans une lettre adressée au patriarche maronite, Jacques-Pierre Aouad, à son clergé et à son peuple, le 29 janvier 1721, n'avait pas hésité à leur donner ce témoignage : « Nous regardons avec une affection toute par- « ticulière de paternel amour, et Nous souhai- « tons de tout Notre cœur de voir fleurir en « toute prospérité votre nation, qui est bien « recommandable pour plusieurs raisons, mais « surtout parce qu'à la gloire perpétuelle de « son nom elle a toujours pratiqué une vraie « et solide piété, et, suivant l'avis de l'apôtre, « ne chancelant jamais dans la foi et ne se « laissant point plier par le vent des doctrines « diverses, elle s'est toujours appliquée à ob- « server les anciennes et saintes lois de l'Église « catholique, et à conserver intacts les dogmes

« transmis par ses ancêtres; et au milieu de « la tyrannie des barbares, elle a, de tout « temps, professé un dévouement et un amour « tout à fait singuliers envers cette sainte « Église romaine, mère et maîtresse de toutes « les autres Églises, et envers les Pontifes « romains, Nos prédécesseurs. »

Dans le siècle précédent, Urbain VIII, dans une lettre adressée au Patriarche maronite d'Antioche, Jean-Pierre Maklouf, à la date du 30 août 1625, s'était exprimé dans le même sens : « Elle n'a point cessé, disait-il, la beauté « du Carmel ni la gloire du Liban, quoiqu'un « ennemi barbare ait mis la main sur tous ses « biens, dès que vous, Patriarche d'Antioche « et les autres évêques et prêtres de ce vaste « diocèse, vous vénérez l'autorité du Bienheu- « reux Pierre dans le Siège Apostolique et « dans le Pontife romain. C'est du ciel qu'il « doit demander les palmes, celui qui veut « célébrer dignement le triomphe de votre con- « stance dans la foi. L'enfer a dilaté sa bouche « dans ces régions, vomissant de torrents em- « poisonnés des dogmes impies dans la vigne « du Seigneur en Orient...; mais vous avez « été, néanmoins, la montagne de Sion, mé- « prisant la fureur des orages, à laquelle le « Seigneur a promis qu'elle ne sera jamais « ébranlée. »

Avant Urbain VIII, Paul V, dans une lettre adressée aux Maronites le 28 décembre 1608, rendait grâces à Dieu en ces termes : « Béni « soit Dieu, le Père de Notre-Seigneur Jésus-« Christ, qui, selon sa grande miséricorde, n'a « point permis que les eaux abondantes du « déluge, nous voulons dire la perversité des « schismes et des hérésies, qui ont depuis « longtemps inondé l'Orient et le tiennent « presque entièrement noyé misérablement, « vous atteignent ; mais, par un don singulier « de sa clémence, a daigné vous conserver, « pendant tant de siècles, dans la vérité de la « foi catholique ; c'est pourquoi votre foi est « annoncée dans le monde entier, et célébrée « dans l'Église romaine, mère et maîtresse de « toutes les églises. »

Avant Paul V, Pie IV, dans une lettre du 1er septembre 1562, adressée au Patriarche maronite Moïse Accari : « Nous nous réjouissons, « disait-il, avec vous et votre nation, rendant « grâces, de tout notre cœur, à la divine misé-« ricorde, de ce qu'elle s'est réservé, dans ces « régions lointaines, tant de milliers d'hommes « qui n'ont pas plié les genoux devant Baal, et « que ni le joug des infidèles n'a pu détourner « de la foi chrétienne, ni la proximité des héré-« tiques et des schismatiques n'a pu corrompre, « soustraire et séparer de l'Église catholique. »

Léon X écrivait au patriarche Simon Pierre de Hadeth, le 1er août 1515 : « Pour cela, il « nous faut louer et bénir, autant que nous le « pouvons, la divine clémence, parce que le « Très-Haut a voulu conserver au milieu des « églises orientales, comme des roses au milieu « des épines, ses serviteurs fidèles à la gloire « de son nom et pour la conversion des infi- « dèles. »

Léon XIII dans un allocution prononcée au consistoire du 23 juin 1890, à l'occasion de la confirmation du patriarche Jean-Pierre Hadje, s'est exprimé en ces termes : « Les Maronites « occupent une partie du Liban, répandus le « long des pentes douces des montagnes. Ils y « ont le siège de leur Patriarcat. C'est une race « distinguée par ses hauts faits. Autrefois elle « fournit par ses armes un puissant secours au « roi de France, saint Louis, lorsqu'il portait « la croix contre les Sarrasins. Elle est plus « illustre encore par la constance avec laquelle, « au milieu d'un grand nombre de crises et de « difficultés, elle a conservé intacte et imma- « culée la foi catholique. »

Ainsi tous les Souverains Pontifes nous ont honorés de témoignages précieux qui font la gloire de notre nation, et sont une preuve irréfragable de notre persévérance dans la foi catholique romaine. Or, quand les Pontifes romains, pendant plusieurs siècles, tiennent toujours le même langage dans une question qui est de leur compétence, quand ils prodiguent aux Maronites leurs louanges et leurs faveurs pour leur persévérance dans l'attachement à l'Église romaine, je ne comprends pas comment l'on pourrait, sans témérité, nier ou révoquer en doute ce qu'ils affirment avec tant d'autorité. Quoi qu'on dise de l'autorité pontificale en pareille matière, il est toujours hors de doute que la parole officielle du Pasteur suprême de l'Église a une valeur incontestable, puisqu'il est évident que le pasteur connaît mieux que tout autre quelles sont ses brebis, et sait bien les distinguer de celles qui n'appartiennent pas à son bercail.

On trouve cependant, dans quelques dictionnaires historiques et théologiques (*Dictionnaire théologique* de Bergier ; *Dictionnaire historique* de Louis Moreri ; *Dictionnaire d'Histoire et de Géographie* de Bouillet), que la nation maronite s'est souillée par l'hérésie des monothélites, mais qu'elle se convertit au catholicisme en l'an 1182, et, depuis lors, s'est toujours conservée dans la foi catholique. Tous ces écrivains ne sont que des copistes, sans réflexion ni sens critique, de Guillaume de Tyr qui a copié lui-même Eutychès, patriarche melkite d'Alexandrie, s'appuyant sur le faux témoignage de ce dernier et sur la conversion d'un petit nombre de Maronites, égarés quelque temps, qui rentrèrent alors, à Tripoli, dans le giron de leur Église toujours demeurée catholique. Mais le savant Pocock, qui a publié les ouvrages et les annales d'Eutychès, affirme que cet auteur s'est très souvent attaché à des fables; c'est ainsi que, dans les quelques lignes qu'il donne sur Jean Maron, il commet les erreurs les plus graves. Il le fait vivre sous Maurice qui régnait cent ans avant lui, et à une époque où le monothélisme n'existait pas encore. Guillaume de Tyr dit, d'après Eutychès, que ce Maron fut le chef des Monothélites, mais tous ceux qui s'occupent de l'histoire ecclésiastique savent que cette hérésie eut pour auteurs Théodore Pharan, Sergius, etc.

Il existe un index des hérétiques, dressé par Nicéphore, qui vivait cinquante ans après Jean Maron, un autre de saint Jean Damascène, son contemporain et son compatriote, un troisième de Sophronius, né au Liban et patriarche de Jérusalem, qui put connaître Jean Maron pendant cinquante ans et qui a recueilli dans son index les noms de 200 Monothélites; or, dans aucun de ces trois catalogues nous ne trouvons le nom des Maronites; ceci ne prouve-t-il pas évidemment que les Maronites ne furent pas entachés de l'hérésie monothélite. Saint Jean de Damas et saint Sophronius étaient trop ardents contre les hérétiques pour en oublier un seul et trop voisins des Maronites pour ne pas savoir s'ils étaient catholiques ou non.

Une autre considération nous conduit à la même conclusion : l'hérésie monothélite excitait beaucoup de troubles et d'agitations ; grand nombre de conciles furent tenus contre elle. Sophronius en assembla à Jérusalem en 634 et en 640 ; un autre fut tenu à Chypre en 643 ; en 648, le pape Théodore en convoqua un à Rome qui ne fut réuni qu'en 649 à Latran par Martin Ier ; sous le pape Agathon, nouveaux synodes, entre autres celui de Lyon ; enfin, en 680, le sixième concile œcuménique est réuni à Constantinople. Dans tous ces conciles les Pères, à plusieurs reprises, se levèrent tous ensemble, s'écriant anathème à tel hérétique, et excommunièrent ainsi un nombre considérable de monothélites. Jamais le nom de Jean Maron ou des Maronites ne fut mêlé aux actes des conciles.

Un tel ensemble de témoignages suffit pour convaincre tout homme de bonne foi de la constante orthodoxie de l'Église maronite.

CHAPITRE IV

Hiérarchie.

Le premier apôtre du Liban est Notre-Seigneur Jésus-Christ. Après l'ascension de son maître, saint Pierre sacra les premiers évêques de Tyr, Sidon et Tripoli. Ceux d'Arca, Biblos, Beyrouth et Damas furent sacrés par les disciples des apôtres ; l'un d'eux, Ananias, premier évêque de Damas, baptisa saint Paul.

Nous avons dit que l'Église d'Orient comptait quatre sièges patriarcaux ; chaque siège avait un patriarche, des jateliks, des métropolitains et des évêques. Les évêques étaient soumis aux métropolitains, les métropolitains aux jateliks et aux patriarches.

Le patriarche avait sous sa juridiction toutes les provinces qui dépendaient de son siège ; les jateliks n'avaient de pouvoir que sur quelques provinces du siège patriarcal : les métropolitains n'avaient la juridiction que d'une seule province, et l'évêque n'avait de pouvoir que sur son diocèse.

L'hérésie et l'islamisme ont fait de l'Orient un amas de ruines ; on n'y trouve plus de contrées aptes à recevoir une administration régulière. Cet état fait dire au concile libanais (page 332) que les limites des provinces et des diocèses du siège d'Antioche ayant été détruites par la domination des infidèles et la ruine de pays entiers, le patriarche possède à lui seul lès pouvoirs de patrick, jatelik et métropolitain. Le jatelik n'existe plus que dans les lois canoniques, et le métropolitain ne conserve de sa charge que le titre honorifique qui le place avant les évêques.

« C'est pourquoi, dit encore le concile, nous ordonnons qu'au Patriarche seul appartiennent désormais toutes les juridictions qu'avaient autrefois les archevêques, jusqu'à ce que notre siège d'Antioche ait retrouvé sa première gloire et son union primitive. Alors les jateliks et les métropolitains rentreront en possession de leur ancienne juridiction ».

Ce fut un concile national réuni en 1735, présidé par un délégué du Saint-Siège et approuvé par le pape Grégoire XIII en l'année 1737, qui organisa lès hiérarchies ecclésiastiques pour le peuple maronite. Il établit cet ordre décroissant : patriarche, évêque, chorévêque. grand-prêtre, bardioute et prêtre.

CHAPITRE V

Élection et juridiction du Patriarche.

Quand un patriarche meurt, les deux évêques vicaires envoient des lettres de faire part à tous les archevêques et évêques maronites. Le corps du défunt reste exposé trois jours, pendant lesquels on célèbre l'office des morts selon le rite maronite. Après les obsèques, on s'occupe de l'élection du nouveau patriarche. Les évêques se réunissent, ils choisissent trois prêtres, deux pour être secrétaires du concile et le troisième pour être portier avec les deux laïques choisis dans la nation. Deux évêques sont nommés pour l'examen des suffrages. Le lendemain, l'archevêque qui préside la réunion dit la Messe; le prédicateur monte en chaire et exhorte l'assistance à implorer le Saint-Esprit, afin que le choix qui va se faire tombe sur un prélat digne d'un si haut rang.

On congédie le peuple, on ferme les portes de l'église que gardent au dehors le prêtre et les deux laïques désignés. On place l'évangile sur l'autel ; au milieu du chœur est une table sur laquelle est déposé un calice servant à contenir les suffrages.

Autour de la table prennent place l'archevèque président, les deux évèques chargés du scrutin et les deux secrétaires : ces deux derniers n'ont pas droit de vote et prètent serment au président du concile de garder le secret des bulletins. Sur des sièges préparés à l'avance se placent les archevèques et les évèques, ils déposent leurs votes deux fois avant midi et deux fois après.

Le candidat, pour ètre élu, doit réunir les deux tiers des suffrages. Après les votes nuls, chaque votant se retire dans sa chambre et demande à l'Esprit-Saint de nouvelles lumières. Le lendemain, on procède de même jusqu'à ce que l'élection soit faite.

L'archevèque président proclame à haute voix le nouveau patriarche, en disant : « Très vénérés frères, après avoir examiné les suffrages, nous avons trouvé que le concile a choisi le très vénéré Seigneur..... pour ètre notre Père et notre patriarche. C'est pourquoi, moi... au nom de ce concile, en vertu du pouvoir que j'ai reçu de vous tous, je déclare et je publie que le très vénéré Seigneur..... est choisi pour ètre Père et patriarche de vous tous et de toute la nation maronite. »

Après cette déclaration, le président et les quatre évêques qui l'assistent se présentent au nouvel élu ; ils se mettent à genoux et prononcent ces paroles : « Le Saint-Esprit vous a choisi pour être le patriarche d'Antioche dans toute l'étendue de ce siège », ce à quoi il répond : « Je consens et obéis. » On le revêt de la chape, on le couvre de la mitre et, la crosse en main, il s'assied sur le trône qui lui est préparé.

Les évêques viennent lui baiser la main, et les prêtres se jettent à ses pieds. On ouvre la porte de l'église, le président annonce le nouveau patriarche au peuple qui se presse pour lui baiser les mains et les pieds, et l'on entonne le psaume XIXe.

Le patriarche donne la bénédiction et l'absolution au peuple.

On fait parvenir à Rome le résultat de l'élection, le pape envoie le pallium au patriarche qui entre alors en possession du pouvoir tel qu'il lui est conféré par l'Église. Nous en ferons connaître suffisamment l'étendue en indiquant les principaux actes de sa juridiction.

Le patriarche choisit et élit lui-même les archevêques et les évêques, donne aux premiers le pallium et reçoit leur serment d'obéissance à l'Église romaine et à sa personne. Il résout les difficultés qui peuvent surgir entre les prélats, il écoute les plaintes des évêques contre les archevêques, du clergé et des laïques contre les évêques. Il peut changer ces derniers de siège selon les besoins de l'Église et juger toutes les affaires importantes qui lui sont soumises. C'est au patriarche de veiller à l'intégrité de la foi de son patriarcat, de visiter ou d'envoyer un délégué à tous les archevêques et évêques; il peut aussi réunir un concile, le présider, et doit punir ceux qui, sans raison, refuseraient d'y assister.

Il peut encore édicter des règlements disciplinaires qui obligent les archevêques et les évêques. Enfin, il a le droit de réserver des cas, d'accorder toutes les dispenses, comme aussi de désigner les fêtes chômées et d'ordonner des abstinences obligatoires. La dispense des quatre jeûnes de l'Église orientale lui est encore réservée en cas de famine, de peste ou de malheurs publics.

C'est le patriarche qui examine et règle la liturgie et le cérémonial. Il peut se réserver la célébration de quelques-unes des cérémonies, comme la consécration des saintes huiles le jeudi saint; il peut même concéder à des prêtres le pouvoir de consacrer des églises et des autels, de donner la confirmation, de porter la mitre et la crosse et d'accorder les ordres mineurs.

Notre concile donne tous ces pouvoirs et plusieurs autres au patriarche ; mais il lui conseille de s'adjoindre un concile d'archevêques et d'évêques pour les affaires importantes, et d'en prévenir le Saint-Siège. De leur côté, les archevêques et évêques ne doivent rien faire d'important dans leur diocèse sans avoir, au préalable, pris l'avis du patriarche.

Grâce à Dieu, depuis la fondation du patriarcat maronite jusqu'à nos jours, ce pouvoir a toujours été exercé avec une prudence et une sagesse dignes de tous éloges.

CHAPITRE VI

Ordination du Patriarche.

Au jour désigné, dès l'aurore, les archevêques et les évêques se réunissent à l'église, chantent Prime et revêtent le Patriarche de la chape. L'assistance s'agenouille et l'archevêque chargé de l'ordination dit à l'élu : « Le Saint-Esprit vous appelle à être patriarche sur la ville de Dieu, Antioche, sur ses pasteurs, sur son siège apostolique, et à être père de nous tous. »

L'ordinand se met à genoux et dit : « J'obéis et j'accomplis les commandements apostoliques et les décrets des saints conciles. »

L'archevêque dit la messe ; après la communion on enlève la chape à l'ordinand, qui reste debout devant l'autel, entouré de tous les évêques et archevêques, qui lui imposent les mains et récitent la prière : *Veni, sancte Spiritus*. Ils lui donnent la crosse que tous ont touchée, lui prennent les mains qu'ils posent sur les leurs, et récitent les prières de la rubrique.

Après la lecture de l'épitre et de l'évangile, on remet à l'ordinand la formule de son serment écrite de sa main ; il en fait la lecture à haute voix à gauche de l'autel, et en se tournant vers le peuple. L'ordinand est alors présenté par deux évêques au prélat chargé de l'ordination et se met à genoux devant lui. Celui-ci lui impose les mains ; chaque prélat en fait autant en ouvrant l'évangile. L'archevêque récite des prières qui commencent ainsi : « Seigneur, qui as créé les cieux par la force », etc. Puis il fait avec la croix pastorale et à trois reprises différentes le signe de notre rédemption sur le front du nouveau patriarche en disant : « Un tel est consacré patriarche dans l'Église de Dieu. »

On le revêt des vêtements pontificaux, on lui présente une sorte de trône sur lequel il s'assied, et trois fois il est soulevé par les archevêques et les évêques à qui cet honneur est réservé.

L'archevêque lui remet la crosse que tous tiennent d'une main en disant : « Le Seigneur de Sion envoie la verge de la force, afin que vous dominiez tous nos ennemis. » (Ps. CIX.) La cérémonie se termine par le baiser de paix.

Le Patriarche bénit trois fois les archevèques et les évèques avec la crosse, il bénit aussi le peuple réuni à ses pieds et donne la communion à ceux qui désirent la recevoir.

CHAPITRE VII

Élection et Juridiction de l'Archevêque. Sa consécration. Juridiction du grand Prêtre, du Chorévêque, du Bardioute, leur ordination.

Lorsqu'un diocèse a perdu son archevêque ou son évêque, c'est au Patriarche de le gérer et de lui donner son chef le plus tôt possible.

Le Patriarche n'ordonne pas un évêque sans demander des prières à tout le diocèse, et, suivant un ancien usage, il laisse au clergé et aux principaux laïques le choix du nouvel archevêque.

Le Patriarche examine l'élu qu'on lui propose, il l'accepte, s'il offre des garanties suffisantes de savoir et de vertus, mais s'il ne juge pas le choix bon, c'est à lui d'en faire un autre.

Après avoir pris l'avis de quelques évêques de son patriarcat, il sacre le nouveau prélat. L'un et l'autre après la cérémonie en informent le Saint-Siège.

La consécration de l'archevêque est faite par le Patriarche, qui, accompagné de deux évêques, conduit derrière l'autel l'ordinand qui lui baise la main en disant : « Bénissez-moi, Seigneur. » Après l'avoir béni, le Patriarche lui met sur la tête le capuchon que porte tout évêque maronite, lui donne l'aube, le cordon, l'amict, l'étole, deux manipules et la chape ; puis, s'inclinant devant lui, il dit : « Le Saint-Esprit vous appelle à être archevêque ou évêque de telle ville. »

L'ordinand à genoux devant le Patriarche lui dit : « J'obéis et j'accomplis les commandements apostoliques et les décrets du concile. »

Le Patriarche fait trois fois le signe de la croix sur le front du nouveau prélat et récite les prières indiquées dans la rubrique. On les conduit tous deux au maître-autel, où ils commencent la messe. C'est seulement après la communion qu'a lieu la consécration. Le nouvel évêque fait la lecture de son serment. Alors un des évêques présente l'ordinand au Patriarche, devant qui il se met à genoux. Le Patriarche et les deux évêques assistants lui posent la main sur la tête et récitent les prières prescrites, ainsi que le chapitre x de l'Évangile selon saint Jean. Les prières finies, le Patriarche remet les saintes huiles à un des évêques assistants, l'Évangile à un autre, et deux croix entre les mains de l'ordinand. On fait ensuite une procession dans l'intérieur de l'église. Ces cérémonies se répètent trois fois; après la dernière, le Patriarche oint par trois signes de croix la tête et les mains du nouvel évêque et lit l'évangile de saint Jean : « En vérité je vous le dis : celui qui n'entre pas par la porte, etc. » (Ch. x.)

On lave les mains et la tête de l'ordinand : il se met à genoux devant le Patriarche qui le signe trois fois au front en disant : *Un tel évêque est ordonné dans l'Église de Dieu.*

L'ordinand s'assied, on le revêt de la chape et de la mitre; le Patriarche le montre au peuple en disant : « Gloire et honneur! » les prêtres l'élèvent trois fois au-dessus de terre; le Patriarche lui remet la crosse, et les cérémonies se poursuivent sans nouveau rite spécial. Dans l'Église orientale, les auxiliaires de l'Évêque ont une juridiction restreinte sur le clergé et les fidèles. Dans les villes et les villages ils peuvent l'exercer selon le titre qu'ils portent. Chaque évêque peut avoir dans son diocèse un grand prêtre, un bardioute et plusieurs chorévêques.

Le titre de ces trois dignitaires est permanent, puisqu'ils le reçoivent par l'imposition des mains. Le grand prêtre demeure dans la ville épiscopale; il doit surveiller le clergé de la ville et les fidèles sous les ordres de l'évêque. Pendant l'absence du chef du diocèse, il peut porter deux croix, la mitre et la crosse dans les cérémonies ecclésiastiques. Il peut donner la confirmation, consacrer les églises et les fonts baptismaux.

Le bardioute est un visiteur général de tous les diocèses ; il s'informe de la conduite de tous les prêtres, est chargé des affaires temporelles des églises, veille à la conservation de la concorde entre les fidèles, et instruit l'archevêque de tout ce qui intéresse le diocèse. Pendant les cérémonies, il a le droit de porter une croix à la main, la mitre et la crosse ; il donne la confirmation, consacre les églises et les fonts baptismaux.

Le chorévêque réside à la campagne, il gouverne les principaux villages du diocèse ; il a la juridiction sur tout le clergé et les églises qui se trouvent dans les limites de sa résidence. Il peut encore conférer avec l'autorisation du Patriarche les ordres mineurs, et dans toutes les cérémonies il porte deux croix à la main, la mitre et la crosse.

Le prêtre, les diacres, les sous-diacres, etc., ont les mêmes fonctions qu'en Europe.

Les cérémonies de l'ordination du chorévêque diffèrent de celles de l'évêque, en ce que l'imposition des mains peut être faite par un seul prélat, et qu'il n'est pas oint des saintes huiles. Ainsi, l'évêque est consacré, tandis que le chorévêque reçoit ses pouvoirs par une simple cérémonie ecclésiastique. Il en est de même du bardioute et du grand prêtre. (Voir le Concile libanais, page 207 à 252, où se trouve le cérémonial non abrégé des ordinations depuis le lecteur jusqu'au patriarche.)

Le titre que l'usage a consacré pour chacune de ces dignités est, pour le patriarche : *Béatitude ;* pour les évêques et archevêques : *Grandeur;* pour les chorévêques, le bardioute et le grand prêtre : *Monseigneur,* car on emploie dans les langues syriaques le mot *mor,* qui veut dire Seigneur, et dans la langue arabe *saïd* qui a le même sens. C'est le titre que les Musulmans donnent à tout chef de la religion, *saidi* veut dire Monseigneur, l'*i* étant le pronom possessif *mon.*

Quant aux ordinations du lecteur, du psalmiste ou chanteur, de l'aboudiaconos ou sous-diacre et de l'archidiacre, à peu de chose près, elles ressemblent à celles de l'Église latine. En Orient, l'aboudiaconos joint à la fonction de sous-diacre celle d'acolyte et de portier, et le lecteur celle d'exorciste.

CHAPITRE VIII

Ordres religieux. — Anachorètes. — Missionnaires.

Il y a trois sortes de religieux maronites : les Baldaïtes, les Alépéens et les religieux de Saint-Isaïe ; tous suivent la règle de Saint-Antoine du désert.

L'ordre des Baldaïtes a commencé en 1695, il fut fondé dans le couvent de Sainte-Mourra à Eden, non loin des cèdres du Liban ; les règlements ont été approuvés par le patriarche et le Saint-Siège en 1732.

Cet ordre avait pour but de s'occuper de travaux intellectuels et manuels ; il reçut dans son sein un grand nombre de sujets maronites ; aussi ne tarda-t-il pas à grandir et à se propager dans tout le Liban. Ces trappistes de l'Orient consacraient la nuit à la prière et le jour à défricher cette terre rocailleuse et inculte ; le sol le plus productif est celui qu'ont cultivé ces laborieux religieux.

En 1770, les Baldaïtes comptaient parmi eux

un certain nombre de religieux natifs d'Alep, une légère dissension les fit se résoudre à se diviser en deux parties ; ils s'assemblèrent en 1778 au couvent d'Arissa dans le Kasrawan, en présence du patriarche Joseph Stephan et du révérend Fra Louis, Père gardien et vicaire général des Franciscains de la Terre-Sainte. — Ils formèrent deux ordres, dont l'un prit le nom de Baldaïtes, c'est-à-dire du pays, et l'autre celui d'Alépéens, c'est-à-dire d'Alep. Le pape Clément IV a approuvé cette séparation et donné aux uns et aux autres un supérieur général indépendant.

En 1673, le patriarche Gabriel Plausani fonda l'ordre de Saint-Isaïe, du nom du monastère où il l'établit. Ces religieux qui suivent la règle de Saint-Antoine du désert furent approuvés par le Saint-Siège en 1740.

Le pays tout entier a profité des exemples de dévouement et de charité donnés par ces bons religieux. Leurs maisons, toujours ouvertes aux malheureux, donnaient le pain quotidien à tous ceux qui venaient le leur demander. Ils ne furent jamais ni riches ni pauvres ; les productions de la terre, fruits de leurs fatigues et de leurs sueurs, suffisaient à nourrir jusqu'à quinze cents cénobites.

Ces trois ordres comptent aujourd'hui quarante couvents et seize cents religieux.

Ils ont tous des missions à l'extérieur et dans quelques villes du Liban ; leurs principaux monastères sont à Chypre, à Jaffa, au Caire, à Port-Saïd, à Djebaïl, à Baalbeck, à Zahlé et à Daïr-el-Kamar ; partout ils desservent les paroisses maronites.

En 1707, le pape Clément XI accorda au P. Gabriel Ahouad, maronite, une résidence à Rome ; ce couvent est devenu, en 1725, un collège soumis à des règlements qu'approuva Clément XII. Ce collège a été vendu, en 1742, par ordre de Benoit XIV, pour acheter un autre emplacement près de Saint-Pierre-aux-Liens.

Le collège est dirigé par des prêtres alépéens ; son supérieur est souvent nommé par le patriarche procureur général de la nation près le Saint-Siège. C'est dans ce collège que viennent les jeunes Maronites qui veulent suivre les cours d'enseignement de la Propagande. Plusieurs d'entre eux, revenus au Liban, s'en font les apôtres. Le supérieur actuel, procureur de la nation, est un élève des cours de la Propagande.

Ce Révérend Père, nommé Gabriel Gardaïe, a été appelé à cette charge en remplacement de Mgr Ambroise d'Aroni. Le choix ne pouvait être plus heureux : ce vénéré Père n'est pas moins remarquable par sa haute vertu que par sa profonde science et la largeur de vues dont il fait preuve dans tous ses ouvrages. Le collège est chargé de dettes ; mais une fois qu'il en sera dégrevé, il prendra sous cette administration prudente et sage un nouvel essor et se complétera probablement par l'adjonction d'une académie orientale.

Une légère dissension est survenue chez les religieux du Liban, d'une vertu si éprouvée et d'une vie si austère : leurs monastères sont, pour la plupart, fort endettés par suite de mauvaises récoltes de vers à soie ; ils sont, de plus, en mésintelligence pour l'élection d'un supérieur général, et il en est résulté un peu de relâchement dans la culture des propriétés. Les efforts tentés par le Patriarche et la Sacrée Congrégation pour réconcilier les deux partis ne resteront probablement pas infructueux, et l'on peut espérer que les religieux se résoudront prochainement à un accord que leur dicte le plus pressant de leurs besoins, celui de payer leurs dettes.

Il y a encore d'autres sociétés religieuses d'hommes qu'on appelle *abbad,* c'est-à-dire *dévots.* Ils sont soumis à la juridiction de l'évêque du diocèse et desservent les paroisses isolées qui n'ont pas de prêtres et se trouvent assez près de leurs monastères.

Les communautés de femmes suivent aussi les règles de Saint-Antoine ; elles récitent le jour et la nuit l'office en syriaque, s'occupent à l'élevage des vers à soie pendant le temps favorable, et ne vivent que de ce médiocre revenu ; le reste de l'année, elles s'adonnent à la vie contemplative.

Le couvent d'Antoura a pour règlements ceux de la Visitation, et les religieuses s'occupent de l'éducation des jeunes filles.

Il y a dix-huit couvents de religieuses maronites, avec dix-huit cents religieuses.

Les hommes portent la chemise de toile, le caleçon noir et une robe qu'ils tissent eux-mêmes ; elle est en laine ou en poils de chèvre noirs et de forme ronde ; elle s'ouvre du col à la ceinture ; les religieux portent encore un capuchon, une ceinture de cuir et un manteau noir, de même étoffe que la robe.

Ils ne quittent jamais le manteau, si ce n'est pour se mettre au lit. Ils sont chaussés de sandales et portent rarement des bas. Les femmes portent aussi du linge ; elles sont vêtues d'une robe noire à manches étroites, serrée à la taille par une ceinture de cuir ; elles ont un bandeau de laine noire sur le front, et un voile noir, qui tombe jusqu'au-dessous des yeux, recouvre et cache leur petite coiffe. L'hiver, elles portent un petit manteau et sont en tout temps chaussées de sandales.

Le Liban possède aussi quelques anachorètes.

Des religieux, appelés à une vie de haute contemplation, obtiennent du Patriarche et de leur supérieur la permission de quitter leur communauté pour vivre isolés dans des cellules, situées à peu de distance des monastères.

Leur cellule, une chapelle et un petit coin de terre qu'ils défrichent sont toute la fortune de ces ermites, qui vivent de racine et mènent une vie très austère. Le peuple ne les voit que quand il va leur demander des prières. Les ermites sont peu nombreux ; il est à craindre que bientôt même ils cessent d'exister, et ne soient plus pour les siècles futurs qu'un sujet de pieuses légendes.

MISSIONNAIRES

En 1840, le Patriarche changea le collège maronite d'Antoura en une maison de missionnaires. Ces missionnaires allaient annoncer la parole de Dieu et donner des retraites dans tous les diocèses; mais l'absence de sujets fit péricliter cet établissement. Cependant, en 1863, un prêtre maronite distingué, du nom de Jean Abib, ayant été nommé par le gouvernement chef du tribunal civil du Liban, songea à reconstituer la mission maronite. Il quitta ses fonctions, vendit ses propriétés et acheta un couvent appartenant aux Arméniens; c'est là qu'avec le consentement du Patriarche il planta les premiers jalons de son œuvre. Dieu bénit ses efforts, et déjà quinze disciples l'entourent; ils sortent des rangs du clergé le plus instruit, et se dévouent à l'enseignement et à la prédication. Ces missionnaires sont réclamés dans tous les diocèses; ils les parcourent deux à deux pour les besoins du ministère. Sa Béatitude Mgr Paul Massad a félicité ce vaillant travailleur et lui a confié toutes les propriétés qui appartenaient à l'ancienne mission.

En 1866, voulant lui donner un nouveau témoignage de sa haute estime, Sa Béatitude le choisit pour l'accompagner à Rome. Le cardinal Barnabo, préfet de la Propagande, a approuvé cette mission et beaucoup encouragé le fondateur. Le cardinal Siméoni, préfet actuel, garde envers les missionnaires les mêmes sentiments d'estime et de bienveillance.

Déjà Mgr Debs a employé un certain nombre de ces missionnaires à la direction de son collège et de son séminaire, les autres archevêques en demandent au fur et à mesure qu'ils ouvrent leurs petits séminaires.

CHAPITRE IX

Dialectes.

Avant l'arrivée des Arabes en Palestine et en Phénicie, la langue de ces pays était le syro-chaldéen ; le patriarche Paul Massad, dans son savant ouvrage (p. 4), dit que les Hébreux nés à Babylone pendant la dernière captivité ne parlaient à leur retour en Judée que le syro-chaldéen, les Chaldéens les ayant obligés à apprendre leur langue. Cette assertion est confirmée par le savant Ananouis-Almontassar. Jean Augustin, dans son ouvrage géographique sur l'Écriture sainte, s'exprime ainsi : « Quand Cyrus, roi de Babylone, donna aux Hébreux la permission de retourner dans la Judée, Zorobabel se mit à leur tête pour revenir à Jérusalem ; dès qu'ils y furent arrivés, ils fondèrent deux établissements d'éducation pour y enseigner la langue qu'ils avaient apprise. »

Bergier, dans son dictionnaire théologique, dit que l'Église syriaque gouverna, pendant les quatre premiers siècles, tout le peuple qui parlait le syro-chaldéen. Cette langue se parlait en Syrie et dans une partie de l'Arménie. (Consulter le commentaire de Cornélius a Lapide; Georges Oumaïra dans la préface de sa grammaire syriaque imprimée à Rome en 1596; Joseph Assemani, dans sa *Bibliothèque orientale*, chapitre II, page 9.)

Bellarmin dit qu'on appelait la langue syriaque langue hébraïque parce qu'elle était parlée par les Hébreux et écrite en caractères hébraïques. On ne peut douter que les apôtres, étant Hébreux, n'aient parlé cette langue.

Les paroles qui nous sont rapportées dans l'Évangile : *Eli, Eli, lamma sabactani*, comme prononcées par Notre-Seigneur sur la croix (MATTH., XXVII, 46), sont syriaques; aussi les savants modernes doivent-ils reconnaître avec toute la tradition que le premier Évangile a été écrit en cette langue. C'est en cette langue aussi que les apôtres ont commencé à prêcher, que saint Jacques a écrit la première liturgie, que les premières messes ont été célébrées à Jérusalem et que les savants syriaques ont écrit la philosophie, la théologie, la géométrie, l'histoire, la littérature et les sciences.

Cette langue n'est plus que liturgique; dans le Liban, il y a à peine cent ans qu'elle a cessé d'être usitée. A peine retrouve-t-on dans le nord de Damas quelques villages qui la parlent, mais elle est très corrompue. Aujourd'hui on parle dans tout le pays l'arabe et ses différents dialectes.

CHAPITRE X

L'Église du Liban.

Le Liban est divisé en sept provinces ecclésiastiques, qui sont : Chouf, avec Tyr et Sidon pour ville archiépiscopale ; Maten, ayant pour ville archiépiscopale Beyrouth ; Kataa, ayant Chypre ; Kesroïn a Damas ; Kesroïn et Fetouch ont Balbeck ; Djebaïl et Batroun sont administrées par le patriarche ; Zaouiez a Tripoli de la Syrie pour ville archiépiscopale.

L'archevêque de Tyr et Sidon réside à Daïr-el-Kamar, et sa juridiction s'étend sur tous les Maronites de Palestine, de l'Anti-Liban et sur tout le sud-ouest du Liban.

L'archevêque de Beyrouth a sa résidence à Beyrouth.

L'archevêque de Chypre a sa résidence à Kornatchhouan.

L'archevêque de Damas a sa résidence à Antoura.

L'archevêque de Balbeck et Fétouh réside à Aramoun.

La province de Djebaïl et Batroun a le patriarche d'Antioche, qui a deux résidences, une d'hiver à Diman, près des cèdres du Liban, l'autre d'été à Bekurcki, au milieu du Kasrawan.

L'archevêque de Zaouiez réside à Saint-Jacques.

Il y a un huitième archevêque à Alep. Les évêques suffragants ont été supprimés, le nombre des catholiques n'étant plus assez considérable.

Chaque diocèse compte à peu près cent dix villages érigés en paroisses ; c'est donc au moins 160 prêtres que doit avoir à sa disposition l'archevêque pour la bonne administration de ses diocésains ; les villes et quelques villages nécessitent des vicaires.

Ces prêtres, comment sont-ils recrutés ? Le nombre des séminaires n'étant pas suffisant, les archevêques désignent dans leurs diocèses respectifs trois ou quatre prêtres, les plus instruits, les plus intelligents, pour instruire les jeunes gens qui ont la vocation ecclésiastique. Un des vicaires généraux est nommé examinateur des élèves qui ont étudié pendant quatre ans la théologie morale, la langue syriaque et le catéchisme de Bellarmin.

Dans la langue arabe il n'existe d'autre théologie que celle du P. Antoine, faite à l'époque où le jansénisme semblait prendre de la consistance. On sait combien cette secte affectait le rigorisme dans la pratique des conseils : cette sévérité excessive est et devait être dans la théologie du P. Antoine pour que les vrais catholiques ne se laissassent point égarer par l'erreur, en sorte que, grâce à l'usage qu'on fait de ce livre, le clergé maronite est, pour tout ce qui tient à la morale et aux bonnes mœurs, d'une parfaite, pour ne pas dire d'une excessive régularité. Au reste, avant de les admettre au sacerdoce et pendant les trois ans d'examens que doivent subir les candidats, leur conduite passée est soumise à l'enquête d'un supérieur ecclésiastique ; s'il est prouvé qu'une faute légère ait été commise par l'un d'eux, eût-elle eu lieu pendant la jeunesse du jeune lévite, il n'est pas admis. Aucun examinateur n'a, que je sache, usé de tolérance.

Il est fâcheux d'entendre, parfois, des personnes malveillantes attribuer au clergé maronite une ignorance honteuse et une tolérance coupable à cet égard.

Nos prêtres sont presque tous formés et instruits chez d'autres prêtres préposés à leur soin, ils ignorent le latin ; l'étude des dogmes, de la philosophie, de la littérature leur est inconnue, excepté à ceux qui ont étudié dans les séminaires ; leur bibliothèque, il y a quelques années, n'était composée que d'une théologie morale, du catéchisme et de livres liturgiques Actuellement, nous devons au dévouement des PP. Jésuites et de Mgr Debs la fondation d'im primeries qui ont déjà fourni au clergé une quantité de livres spirituels traduits des langues européennes. D'ailleurs, la science était alors d'un besoin moins urgent qu'aujourd'hui, nos contrées n'ayant pas à se défendre des attaques que lui font subir de nos jours les ennemis de la foi et de la morale catholiques. Les fidèles croyaient à l'Église et à ses dogmes tels qu'ils nous ont été transmis depuis les apôtres, et ils n'avaient jamais eu à les expliquer ou à répondre à des objections faites contre ces vérités fondamentales.

Le prêtre n'a pas de revenus. Le gouvernement ne donne rien, et l'archevêque n'a rien à payer. Le casuel se compose, après la récolte des vers à soie, d'une ou deux onces de cocons que chaque fidèle envoie au prêtre pour deux messes dont l'une devra être dite à l'intention de la famille. Si, dans une année d'abondance, on récolte un peu de blé, la part du curé est d'un boisseau. Mais des disettes et la maladie des vers à soie ayant anéanti toute la prospérité du pays, les prêtres sont plus pauvres qu'ils ne l'ont jamais été ; ils ne pourraient vivre, s'ils ne devaient à la charité des évêques français quelques honoraires de messes.

Et les églises?... Ah! si le Dieu qui vit le jour dans la crèche et vécut artisan est bon pour ceux qui, pauvres, sont encore grands et vertueux, ses munificences viendront bientôt rendre à l'Église du Liban un peu de son ancienne splendeur.

L'église du village est construite par tous les fidèles valides sans exception. A cet effet, après les labeurs du jour, et le dimanche après l'audition de la sainte Messe, la population se rend au lieu où doit s'élever l'édifice, on en jette les fondements : hommes, femmes et enfants y travaillent ; peu à peu, le monument sort de terre, et quand il est à son complet achèvement, alors seulement le Maronite se repose en venant y prier.

Le mobilier nous est donné par les dames françaises associées à l'Œuvre apostolique, et les frais du culte, bien modestes, hélas ! puisqu'ils se composent de l'achat de quelques bougies allumées pendant la messe et la bénédiction de la Sainte Vierge, sont couverts par les personnes qui meurent sans enfants et qui lèguent à cette intention quelques mûriers de leur propriété. C'est à peine suffisant, et l'on comprendra sans peine cette pénurie quand on saura que le revenu approximatif de chaque famille qui possède un revenu ne dépasse pas 100 à 150 francs par an.

Si le clergé est pauvre et les églises modestes, les écoles ne sont pas plus prospères.

Cent dix paroisses nécessitent au moins autant d'écoles pour les enfants des deux sexes ; plus de la moitié n'en ont pas. Les prêtres de ces villages ne peuvent voir sans une profonde tristesse, plongés dans l'ignorance des premiers éléments, une multitude d'enfants sur lesquels repose la prospérité future de leur patrie ; aussi, pour y remédier, plusieurs s'érigent-ils en maîtres d'école.

Il le faut bien ! Comment vaincre la misère, qui est un des fruits de l'ignorance, si l'on n'extirpe cette ignorance ? Comment prémunir, sinon par ce moyen, des âmes qui, voyant apparaître l'erreur revêtue du manteau de la vérité, n'auront pas sans cela assez de sûreté de jugement pour la reconnaître et l'exclure comme elle le mérite ?

Le protestantisme introduit dans le pays un évangile mutilé; il y propage une liberté qui, mal comprise, ferait de la famille ce qu'il a voulu faire du catholicisme : un arbre stérile, un arbre condamné à périr.

« Nous sommes venus annoncer au peuple la bonne nouvelle, disent les ministres protestants à nos populations des montagnes, la nouvelle de la liberté donnée à tout homme de chercher et de croire ; réjouissez-vous ; il y a quelques années, vous étiez tenus de suivre la religion que vous avaient enseignée vos pères et vos grands-pères, maintenant vous pouvez juger s'ils vous conduisaient à l'erreur ; l'âge d'or s'est levé où chaque homme est libre de suivre la lumière de sa raison. » En deux mots : croyez ce que vous voudrez.

Le peuple, qui ne sait pas discuter avec ces théoriciens, s'est effrayé de ce langage. Ayant su que ces apôtres d'une nouvelle doctrine étaient protestants et que leurs prêtres n'avaient pas une instruction assez étendue pour soutenir la réplique, nos braves montagnards se sont contentés d'inviter les mécréants à les laisser tranquilles dans la foi de leurs ancêtres. Quand des plaintes furent portées à l'autorité contre ces villages entêtés, les habitants répondirent simplement : « Ces messieurs sont venus nous enseigner la liberté, librement nous les avons priés de s'en aller. »

Dans les villages mixtes les sectes schismatiques les ont accueillis. Il est à craindre, hélas ! que de ces centres l'erreur ne gagne nos bons catholiques et que leur fermeté ne faiblisse un jour, sourdement minée par les insinuations spécieuses et souvent répétées de ces apôtres de l'erreur.

Nous l'avons vu, l'ignorance du peuple est une conséquence de celle du clergé; il faut, pour réagir contre la première, empêcher la seconde et, pour obtenir ce résultat, donner des prêtres instruits aux peuples du Liban.

Par une rapide revue des écoles, collèges et séminaires, rendons-nous compte de l'état actuel et de ce qui reste à faire pour achever et perfectionner le bien commencé.

Quelques villes possédant des familles aisées sont assez heureuses pour avoir quelques écoles établies sur le modèle de celles de l'Europe; le même cours d'enseignement y est adopté.

Dans le diocèse de Tripoli, outre les écoles fondées par les soins de l'archevêque, il y en a deux autres dirigées par les fils et les filles de Saint-Vincent de Paul et les Franciscains.

Dans le diocèse de Balbeck, outre les écoles indigènes, il y en a deux à Gazir que dirigent les RR. PP. Jésuites et les Capucins; à Beyrouth, outre les nombreuses écoles entretenues aux frais de Mgr Debs, les dames de Nazareth et celles de Saint-Joseph de l'Apparition ont des pensionnats; les sœurs de Saint-Vincent de Paul sont à la tête d'un orphelinat, le premier qui ait été fondé dans le Liban. Les PP. Jésuites et les PP. Franciscains dirigent des écoles pour les garçons.

Dans le diocèse de Damas, il y a des écoles

indigènes et une autre que dirigent les sœurs de Saint-Vincent de Paul.

Avant mon départ, une association de filles maronites s'est formée pour se dévouer à l'enseignement des petites filles de la montagne; elle est secourue par les dames du Sacré-Cœur de France; peut-être arrivera-t-elle à prospérer.

L'ordre de la Visitation possède une maison au Liban; nos Visitandines maronites sont aidées par leurs sœurs de France.

Antoura possède un collège dirigé par Messieurs les Lazaristes qui a donné au gouvernement, aux administrations et aux consulats, des hommes d'un haut savoir et d'une profonde sagacité, et a même donné au Liban plusieurs de ses gouverneurs. Ce collège reçoit des élèves sans distinction de religion, les Druses ont tenu à honneur d'avoir dans leurs rangs des sujets formés dans ses murs.

Le collège de Gazir, fondé par les PP. Jésuites, a été transféré à Beyrouth; il continue d'enseigner à ses élèves les éléments primaires, la philosophie et les hautes études.

Nos séminaires, presque tous inachevés ou à l'état de projet, sont une des plus vives préoccupations de l'épiscopat maronite.

Il existe quatre séminaires patriarcaux, dans lesquels chaque archevêque n'a le droit d'envoyer que deux élèves. De ces quatre séminaires deux seulement existent de fait, et chacun des deux ne peut recevoir que quinze séminaristes, parce qu'il n'y a qu'un seul professeur; il prend les enfants à la grammaire et les conduit à la fin de la théologie. Dix ans sont consacrés à ces études; on comprend que la maladie et le manque de vocation diminuent souvent ce nombre, déjà si restreint, d'aspirants au sacerdoce.

Donc huit archevêques ayant en moyenne besoin de 1,200 prêtres ne peuvent en ordonner que trente à peu près de passablement instruits sur les dogmes et la philosophie ; trente répartis dans les huit diocèses font pour chacun, et pendant un laps de dix années, deux prêtres ayant fait des études sérieuses et suffisantes. Si cet état de choses avait duré longtemps encore, on eût pu craindre de voir s'éteindre au Liban les lumières du catholicisme. Nous devons d'en avoir conservé quelques lueurs au dévouement de ces humbles prêtres qui, dans leur ignorance, nous méritaient par la vigueur de leur foi et la pureté de leurs mœurs de n'en point voir éteindre le flambeau.

Le ciel a eu pitié de son vaillant petit peuple; les PP. Jésuites nous furent envoyés, et leurs séminaires ne tardèrent pas à donner à nos archevêques des sujets distingués ; les élèves y sont reçus sans distinction de nationalité :

Grecs, Syriens, Arméniens, Chaldéens, Maronites en comptent dans leurs clergés.

Les missions de l'Orient ouvertes, nous avons été assez heureux pour recevoir ces phalanges d'ordres religieux enseignants, hommes et femmes, à l'aide desquels nos archevêques combattent l'anarchie de l'ignorance ; espérons que le succès couronnera leurs efforts. Le séminaire de la Propagande forme aussi des sujets distingués.

Mais le temps presse, les besoins sont urgents, ils se multiplient ; il est de la plus grande importance de décupler nos forces et nos ressources, de redoubler de zèle et d'activité.

D'un commun accord, après avoir relu les prescriptions du concile de Trente, nos prélats ont résolu de créer dans chaque diocèse un séminaire diocésain.

Mgr Joseph Debs jeta les fondements du sien, et, sous son intelligente direction, il le verra bientôt s'achever ; on y reçoit déjà deux cent soixante élèves ; son organisation est bonne et donne les meilleurs résultats.

A Batroun, l'évêque administrateur, grâce au sacrifice de son patrimoine, aux secours de Sa Béatitude et aux modiques offrandes des fidèles, est parvenu à reconstruire l'ancien séminaire de Saint-Jean de Maron ; on y a déjà reçu un certain nombre de séminaristes.

Les autres archevêques, pressés du même zèle, mais n'ayant peut-être pas les mêmes ressources, ont acheté l'emplacement de ces constructions et en ont jeté les premiers fondements.

On prépare aussi des prêtres instruits et sachant administrer, pour diriger ces établissements ; on les trouvera dans nos séminaires déjà existants.

Dans un avenir lointain sans doute, mais que l'on peut déjà entrevoir, le Liban, sortant des langes de son insouciante ignorance, verra encore en ses prêtres d'autres Vincent de Paul, qui, poussés par l'amour de leurs frères, trouveront en leur cœur assez de foi pour faire des prodiges de charité.

Pour pouvoir réaliser cette espérance, on compte fonder un séminaire général, dans lequel seraient admis les élèves des autres établissements, afin d'y faire leur rhétorique et leur philosophie. Plusieurs professeurs y enseigneraient, avec la liturgie, l'histoire si peu connue de la littérature syrienne. Trois ans d'études faites dans le même établissement donneraient à notre clergé cette unité de cœur, cette conformité de pensées que l'esprit des diverses nationalités pourrait un jour faire disparaître.

Et puis combien n'est-il pas triste de voir

gisants et oubliés dans les bibliothèques européennes les trésors de la littérature orientale ! Nos pays en étant frustrés, est-il étonnant que les ténèbres et l'ignorance continuent de nous environner? Un éminent cardinal me disait, il y a quelques jours : « Je crois que les Maronites sont morts depuis les Assemani, car je ne vois pas d'hommes s'adonner au travail pour mettre aux yeux du monde savant l'incomparable liturgie, la philosophie, les dogmes, la morale, l'Écriture sainte commentée et expliquée, toute la science ecclésiastique en un mot des savants Syriens. » Pourquoi? Ceux qui ont vu l'Orient répondraient avec moi : « Ah ! parce que ces peuples sont plongés dans une grande misère, parce que jusqu'à ce jour leurs efforts eussent été inutiles pour déterrer ces richesses, qui, ensevelies dans la poussière, subissent les ravages destructeurs des siècles. »

Les missionnaires et les relations commerciales ont ouvert des voies nouvelles entre l'Europe et le Liban ; ces peuples, qui ne pouvaient s'apprécier parce qu'ils vivaient séparés, vont recouvrer cette vraie fraternité des âmes qui rendra à notre Orient sa fortune et son cœur.

Enfants de l'Orient ! que ne puis-je donner mon sang pour sceller cette union que mon âme appelle de tous ses vœux ! L'éducation du clergé, cette base de la foi, une fois reconquise, quel nouvel essor ne prendront pas les améliorations auxquelles de son côté travaille Midhat Pacha. Les chemins de fer sillonnent déjà quelques-unes de nos voies, les routes sont rectifiées et aplanies, et le commerce étendu ; tout cela promet à l'avenir une prospérité que nous appelons de tous nos vœux, à la réalisation de laquelle nous employons tous nos efforts.

Chrétiens de l'Occident ! si l'Orient vient à recouvrer sa fortune, si un jour il n'est plus obligé de tendre la main à votre charité pour ne pas mourir, soyez sûrs qu'il n'oubliera point qu'il vous doit la vie, et que votre sang coule dans ses veines ; il sera heureux de vous témoigner un amour que les bienfaits de votre civilisation auront fait naître dans son cœur.

Les Grecs unis ont les mêmes aspirations et les mêmes espérances. Sa Béatitude le Patriarche Grégoire-Joseph a un séminaire qui donne des sujets distingués, vaillants défenseurs de la religion et de leur patrie.

Le patriarche syrien travaille à son tour à réveiller dans la terre d'Abraham cette foi généreuse qui porta le père des croyants à sacrifier son fils à Dieu, et lui mérita en retour de son obéissance la promesse d'une prospérité aussi nombreuse que les étoiles du firmament.

Le patriarche arménien, persécuté par le schisme, ne cesse pourtant de travailler à l'amélioration de son clergé. Il attend que l'équité lui rende le séminaire de Bzoummar, qui était pour la religion catholique, quand elle y était enseignée, la source de nombreuses vertus, qui exhalaient leurs suaves parfums dans toute la montagne.

Le patriarche chaldéen, aidé des PP. Dominicains, travaille à fonder son Église et la faire prospérer.

Grâces soient rendues à de si nobles et si généreux efforts! Peut-être l'Orient verra-t-il bientôt se lever l'aurore de jours heureux. Puissent ces héroïques soldats du Christ, à qui nous les devrons, dire au déclin de leur vie, en considérant l'avenir : *Gloria in excelsis Deo* ; nous avons un clergé qui saura se faire l'apôtre de sa chère patrie.

CHAPITRE XI

Littérature.

Les premiers apôtres ne se bornèrent pas seulement à prêcher les vérités qu'ils avaient entendues de la bouche de leur divin Maître, mais encore, dans toutes les villes où la religion chrétienne s'établit, on fonda des écoles et des collèges pour l'éducation de la jeunesse ; Jérusalem, Césarée, Beyrouth, Tripoli, Alexandrie, Edesse, Nisibe en Mésopotamie, possédaient des écoles d'où sont sortis de grands saints et de profonds savants. Les saints les plus connus sont : saint Jean Maron, saint Jean Damascène, saint Jean Chrysostome, saint Éphrem : mais les hérésies et les événements politiques qui se sont succédé presque sans relâche ont changé la face de l'Orient, et toutes les écoles furent détruites, surtout après le départ des Croisés. On reproche actuellement aux Maronites de n'avoir pas de littérature : mais il est facile de les justifier sur ce point en suivant leur histoire depuis le VIIe siècle jusqu'à nos jours. On voit, en effet, que les Maronites n'ont jamais eu de repos, et que, pour conserver leur religion, ils durent lutter continuellement contre des ennemis de toute sorte. Beaucoup de rochers de leur pays gardent encore les traces de leur sang, et toutes les grottes et les cavernes de leurs montagnes conservent dans leur sein les cendres des martyrs de cette nation chevaleresque.

Cependant les Patriarches, dont le zèle ne pouvait oublier que la science est une arme bien souvent victorieuse, n'ont jamais cessé de travailler à la fondation de petits séminaires. Leur but était d'obtenir pour leurs prêtres une instruction qui pût leur suffire dans la direction des paroisses. Mgr l'archevêque Debs disait, dans son appel aux catholiques de l'Europe en 1875 : « Les anciens possédaient des collèges nombreux et en réputation, particulièrement ceux d'Édesse et de Nisibe, de Tripoli et de Beyrouth. Cette dernière ville devint surtout célèbre par ses écoles de droit, si bien que l'empereur Justinien, lorsqu'il songea à rédiger son code, n'hésita pas à appeler à Rome un professeur de Beyrouth. — Mais Beyrouth et ses collèges furent ruinés par les tremblements de terre qui eurent lieu au ve et au vi^{e} siècles ; alors commencèrent à fleurir les collèges de Tripoli, qui donnèrent à l'Orient un grand nombre de savants ; parmi eux, nous devons nommer saint Jean de Maron, premier patriarche de la nation maronite, et Bar Hébreu, docteur syrien, qui s'acquit quelque renommée par ses nombreux ouvrages et sa remarquable érudition.

« Ces collèges existaient à Tripoli à l'époque des Croisades. Mais quand les Croisés quittèrent l'Orient vers le milieu du XIIIe siècle, tous les établissements chrétiens, tant à Tripoli que dans les autres villes, furent ruinés.

« Vers le même temps, on créa plusieurs séminaires, notamment les écoles d'Haouka, d'Éden, de Bekerkocha, etc. De plus, le pape Grégoire XIII, d'heureuse mémoire, fonda à Rome un collège à l'usage de la nation maronite, dans la rue qui a conservé le nom de *Viccolo de Maronetti* ; ce collège donna à l'Orient et à l'Occident nombre de docteurs illustres, qui, par leur vaste érudition et leurs nombreux écrits, ont jeté une telle lumière sur l'histoire des peuples chrétiens de l'Orient que leurs opinions ont acquis une autorité en quelque sorte proverbiale. Aussi n'est-il pas permis de s'en écarter si l'on veut écrire avec quelque exactitude sur les antiquités de l'Orient.

« Voici les noms des savants les plus célèbres et les titres de ceux de leurs ouvrages qui ont obtenu le plus de réputation.

« Et d'abord nous aimons à rappeler le nom de Gabriel Sionite, l'auteur des deux versions arabe et syriaque qui figurent dans la Polyglotte parisienne ; il composa et traduisit en latin plusieurs autres ouvrages. Vint ensuite Abraham Ecchelensis, qui aida le Sionite dans la rédaction des deux versions qu'on vient de mentionner.

« Ces deux savants enseignèrent les langues orientales dans l'Université de Paris, sous Louis XIV, qui se les attacha en qualité d'interprètes royaux. — Après eux, il faut nommer le patriarche Étienne Aldouaïhi d'Éden, auteur d'un ouvrage intitulé le *Décalogue liturgique* ainsi que de plusieurs autres livres d'une grande érudition ; Fauste Nairon, qui composa le livre ayant pour titre *Eoplia Fidei* et une dissertation sur l'origine, le nom et la religion des Maronites ; puis le docte et illustre Joseph Simon Assemani, qui composa tant d'ouvrages, que le travail à faire pour les recopier absorberait à lui seul une vie d'homme, fût-elle de quatre-vingts ans (1). Malheureusement, le feu ayant pris, après sa mort, à son cabinet de tra-

(1) Le lecteur qui désirerait avoir connaissance du catalogue authentique des ouvrages de cet homme extraordinaire, pourrait se reporter à ce qui en est dit au livre de Mgr Joseph Debs intitulé : *Summa Confutationum*, pages 228 et suiv.

vail, la plupart de ces précieux écrits nous ont été ravis. — A la suite, on peut citer son neveu Joseph-Louis Assemani, qui rédigea l'ouvrage connu sous le nom de *Codex liturgicus* (14 vol.), et son autre neveu Étienne Aouad Assemani, auteur du livre intitulé : *Acta martyrum orientalium et occidentalium.* — Aux Assemani, il convient d'ajouter Pierre Benedetti, qui, après son entrée dans la Compagnie de Jésus, composa ou traduisit divers ouvrages, parmi lesquels il faut citer surtout celui qui porte le titre de *Ad Sancti Ephrem Syri.* — Michel Gazireenai, établi conservateur de la bibliothèque de l'Escurial en Espagne, composa un catalogue de tous les livres arabes, avec des notices pleines d'érudition sur leurs auteurs (2 vol.). — Au dernier siècle, D. Pierre Toulaoui faisait refleurir l'étude des sciences sacrées et profanes par les ouvrages qu'il fit paraître en langue arabe et par son enseignement. Il forma des élèves remarquables, parmi lesquels il suffira de citer Farhat et Zacker. — Pour rendre cette liste complète, il faudrait y ajouter les noms des élèves distingués qui sortirent du collège maronite de Rome et se rendirent célèbres, Joseph Stephanus et Joseph Tyan, tous deux patriarches de notre nation. Ce collège maronite est resté en notre possession jusqu'à la prise de Rome, en 1798, par les troupes de la

République française, époque où il fut saisi et vendu à des séculiers. Il subsista cependant quelques débris de cet établissement : ce sont des biens-fonds dont les revenus sont affectés à l'entretien des élèves maronites qui font leurs études au collège de la Propagande à Rome. »

Au commencement de ce siècle, les patriarches ont fondé quatre séminaires généraux, comme nous l'avons dit au chapitre x.

De ces séminaires sont sortis Mgr Paul Massad, patriarche d'Antioche, et presque tous les évêques actuels de ce patriarcat.

La science et les lettres sont fort aimées de Sa Béatitude Mgr Paul Massad ; aussi, quelque faible que soit sa santé, a-t-il fait paraître plusieurs ouvrages, entre autres *Addor Almanzoum* (Pierres précieuses), que j'ai pris pour guide dans ce précis historique. Ce volume renferme l'histoire de presque toutes les Églises d'Orient, avec leur hiérarchie, leur division et leur liturgie. Il a aussi écrit un traité sur le dogme de la Trinité, afin de prouver aux Grecs schismatiques que l'Esprit-Saint procède du Père et du Fils.

Mgr Debs, déjà connu par ses talents et son activité, s'adonna à l'étude depuis son enfance : après avoir appris la littérature arabe et l'avoir enseignée dans nos petits séminaires, il étudia seul les langues latine, italienne et française. Il fonda une imprimerie, et, doué d'une étonnante activité, fit paraître l'histoire des hérésies avec une réfutation de saint Liguori.

Secrétaire du patriarche, il l'a accompagné à Rome, en France et à Constantinople, et raconté, à son retour, le voyage du prélat en Europe. Avant le concile, il adressa une lettre fort savante aux prélats d'Orient séparés de l'Église catholique. Cette invitation aux schismatiques de venir au concile du Vatican a été admirée de tous. On lui doit encore le commentaire des Évangiles en deux volumes et un livre de controverse intitulé : *Orthodoxie des Maronites*. La théologie du P. Perrone a été traduite en arabe par le même prélat.

Mgr Joseph Marid a fait une savante réfutation de toutes les objections des protestants. — Le R. P. Elias Kouri a commenté les *Actes des Apôtres ;* le R. P. Alem, maronite et supérieur actuel du collège de la Sagesse à Beyrouth, a fait paraître un commentaire des *Épîtres* de saint Paul et plusieurs autres livres de piété.

Un grand nombre d'autres ouvrages ont été composés par des prêtres fort érudits ; mais le manque de ressources empêche de les livrer à l'impression.

Espérons que, l'Orient retrouvant son ancienne gloire, les Maronites ne resteront pas en arrière du mouvement littéraire qui s'accentue si énergiquement. Les laïques qui possèdent assez de science et ont au cœur assez d'amour pour la littérature ont donné à la nation un grand nombre d'ouvrages historiques, des poésies et des tragédies dont le mérite est incontestable.

La littérature du Liban, comme toutes les littératures orientales, est très riche en images gracieuses et vives; tous savent que le climat et les beautés naturelles de ce pays enchanteur ont une influence immense sur l'imagination des auteurs orientaux. Cette exaltation poétique, empreinte, chez les Maronites, des principes du christianisme, revêt d'une couleur chaude et brillante les lignes si grandes et si pures des Saintes Écritures. Aussi tous les commentaires de nos savants sur les Saints Livres ont-ils le double avantage de réunir à une grande érudition tous les charmes d'une imagination facile et toute pleine des images les plus aimables et les plus enchanteresses.

CHAPITRE XII

Histoire du Gouvernement civil.

Tout ce que touche l'Église reçoit comme l'empreinte de la main de l'Éternel et résiste à toutes les morsures du temps. Nous avons vu que depuis 658, époque de la fondation de notre hiérarchie ecclésiastique, aucun changement ne s'est produit dans cet ordre de choses. Conduite par l'autorité d'une loi invariable, notre Église a vu se succéder Patriarches et Archevêques, sans que le rocher de la vérité ait été jamais ébranlé par la tempête de l'erreur. Sans doute ses fidèles, innombrables jadis, sont réduits aujourd'hui à un petit troupeau ; mais comme l'or s'épure dans le creuset, ainsi l'Église catholique du Liban a vu se détacher d'elle les sujets corrompus ou hésitants qui eussent pu l'entraîner au schisme ; elle est restée ferme dans ses principes et immuable dans sa foi : la stabilité est le cachet des œuvres de Dieu. Les gouvernements civils maronites, au contraire, ont subi les fluctuations inhérentes à l'instabilité humaine. Il ne m'appartient pas de dire si les changements fréquents de nos gouvernements se sont accomplis pour le bien des peuples et si l'Orient doit s'applaudir des résultats obtenus ; je vais simplement essayer de remonter la chaîne des événements qui se sont succédé depuis l'origine des Maronites jusqu'à nos jours.

Les émirs, à deux reprises différentes, les mokadems, les cheiks, et enfin les pachas, tels furent les chefs de nos gouvernements successifs.

Au fur et à mesure que les partisans de saint Maron devenaient assez nombreux et assez puissants pour défendre la religion catholique et conquérir l'indépendance de leur foi, ils s'unirent dans un commun désir, celui de se constituer en société ; ils se choisirent un chef et prirent celui que distinguaient son intelligence, son courage et sa fortune.

On lui donna le nom d'*émir* qui signifie *celui qui commande*. Nos historiens ne nous ont pas appris à quelle famille appartenait le premier élu, pas plus que ses successeurs ; le premier de tous porta le nom de Joseph, et gouverna seul tous les Libanais ; il fit aussi plusieurs conquêtes.

Kosra, second émir, donna son nom à Kosravan, et agrandit aussi son territoire. Il eut pour successeur Jacob. A Jacob succéda Élias, qui aida le roi Héracle à chasser les Persans de la Syrie; Joseph II parut ensuite; mais l'histoire n'en dit rien de remarquable. Jean, qui monta sur le trône après lui, déclara la guerre aux Sarrasins, les mit en déroute en 770 et étendit sa domination depuis Jérusalem jusqu'à l'Arménie.

L'émir Abraham, qui lui succéda, construisit sur le fleuve Adonis un pont célèbre qu'on y voit encore et qui porte son nom. Il fut suivi de Jean III, et d'un grand nombre d'autres, jusqu'à l'émir Simon, qui vint à la rencontre de saint Louis, en 1249. Le gouvernement des émirs dura jusqu'en 1300, époque à laquelle commença celui des mokadems. Ce fut là comme l'établissement de la féodalité, constituée à peu de chose près comme elle l'était en France. C'est, dit-on, aux conseils de saint Louis que l'on dut cette innovation dans notre pays. On divisa le Liban en provinces, et chaque province eut à sa tête pour la régir celui qui se distinguait le plus par sa science et sa fortune. Il s'appelait *Mokadem,* mot arabe qui signifie *principal*.

Les mokadems étaient indépendants, mais ils avaient fait une alliance par laquelle ils s'engageaient à s'unir pour défendre le pays contre toute invasion.

Nous lisons dans l'histoire maronite de Stéphan Douoïhi, qu'en l'an 1300 les Musulmáns déclarèrent la guerre aux Maronites dans le pays de Djebaïl. Les mokadems, fidèles à leur alliance, se réunirent au nombre de trente, formèrent de toutes les provinces une armée de 35,000 hommes et repoussèrent l'ennemi.

En 1307, nos mokadems ne purent résister au général Affoueh El Affram qui fondit sur eux avec une armée de cinquante mille hommes venant de Damas. Il prit Kasrawan, centre des armées maronites, dévasta les églises, incendia le pays, massacra les habitants, et laissa les émirs Assaf sur les côtes, pour préserver le pays de l'invasion des Francs.

Le gouvernement des mokadems ne continua pas moins d'exister jusqu'en 1612, époque à laquelle parurent les cheiks maronites et druses qui existent encore aujourd'hui.

Les principales familles de cheiks maronites sont les Khazen, les Habeyche, les Daher, les Dahdah, les Khouri et les Aboussaab. La famille des Khazen est une des plus anciennes familles du Liban ; elle s'est toujours distinguée par ses richesses, sa générosité et son attachement à la religion catholique. La plupart des couvents et des églises de Kasrawan ont été construits à ses frais. C'est à elle que les rois de France ont confié les intérêts de leur nation en prenant dans son sein le consul de Beyrouth de 1659 à 1753. Le dernier de ces consuls se nommait Naoufel. C'est aussi de cette famille que sont sortis plusieurs patriarches et archevêques. Elle a toujours possédé la seigneurie de la province de Kasrawan et les siècles n'ont altéré en rien sa noblesse, sa grandeur, sa foi. Les Habeyche, dont l'origine remonte aussi loin et qui ont toujours été seigneurs de Ghazir, se sont fait remarquer par leur bravoure et leurs éclatants faits d'armes. Les gouverneurs du Liban les mirent à la tête de toutes les expéditions militaires ; partout ils se sont illustrés par leur habileté et leurs nombreuses victoires. Le gouvernement actuel n'a pas méconnu leur mérite et a pris parmi eux les médirs de Zaouiez, de Batroun, de Djebaïd et de Zouck.

Les Daher, anciens seigneurs de Zaouiez, distingués par leur grande fortune, ont toujours compté parmi eux des hommes de haute intelligence et d'excellent conseil.

Les Dahdah forment une famille très ancienne, elle fut ennoblie par le grand Bechir Chehab. Au commencement du XVIIe siècle les Hamadi cheiks mutualis obtinrent du pacha de Tripoli le gouvernement des districts de Fetouch et de Djebaïl avec une partie du nord du Liban, ils eurent besoin de chrétiens pour leur servir de secrétaires et de conseillers, car presque tous les mutualis à cette époque ne savaient ni lire ni écrire; ils ne trouvèrent personne pour les servir ainsi que la famille des Dahdah qui demeurait à Akcoura, non loin des sources d'Adonis.

Le pacha de Tripoli employa aussi quelques membres de cette famille comme secrétaires. Ce qui les rendit célèbres dans le Liban, ce n'est donc ni la gloire militaire, ni l'abondance des richesses, mais le haut savoir, et leur habileté dans le maniement des affaires; ces deux qualités ont toujours été et sont encore leur caractère distinctif. Quand l'émir Béchir prit le gouvernement du Liban, il tira de grandes ressources de la même famille et y choisit tous les membres de son administration. C'est ainsi qu'il en fit des gouverneurs à Becharri, Batroun, Dgébaïl, et qu'après avoir destitué les Hamadi, il les remplaça par des membres de la famille Dahdah.

De nos jours la descendance des Dahdah se distingue encore par son intelligence et son grand savoir. M. le comte Rouchaïd Dahdah demeure à Paris depuis plusieurs années. Dès son enfance il s'adonna à l'étude. Il avait vingt-trois ans quand le fils du grand Béchir, remarquant en lui une intelligence supérieure, le nomma son secrétaire et par le choix de son père lui confia plusieurs missions qu'il remplit avec honneur et succès. Pie IX donna encore plus d'éclat à la noblesse de son origine en lui accordant le titre de Comte romain. Il a déjà publié plusieurs ouvrages et doit encore faire paraître quatre volumes in-folio renfermant des trésors d'érudition.

Les Kouri, anciens seigneurs de la ville de Rachemaïa, près de Baïteddin, ont une grande réputation de science et de piété. Ce fut dans cette famille qu'en 1787 Louis XVI choisit le consul de Beyrouth, Gandour, fils du célèbre Saad. Le cheik Bicharah, si renommé pour sa connaissance de la loi turque et sa probité universellement reconnue, est aussi un membre de la famille des Kouri.

Les Bousaab sont fort connus dans le Liban, pour leur fortune, leur bravoure et leur culture d'esprit.

Les cheiks druses sont plus nombreux que les cheiks maronites, la plus puissante famille est celle des Jomblate qui gouverne le Chouf. Parmi eux viennent ensuite les Oomade, qui commandent El Arkoub inférieur; les Abounacad, qui régissent Monssef; les Abd-el-Malec, à la tête du Jorde, Talhouk, à la tête du Gharb supérieur.

Les anciens privilèges de ces cheiks consistaient à être traités de frères par le prince du

Liban, à être exempts eux et leurs domestiques de l'impôt personnel, des corvées et de tous les services que le prince pouvait exiger du peuple. Ils ne pouvaient être punis que par l'exil ou la prison, et ne pouvaient être condamnés à mort. Les cheiks druses jouissaient des mêmes droits.

La petite noblesse est écrasée par la grande chez les Druses. Chez les Maronites elle a plus d'autorité : on y voyait des familles qui gouvernaient un canton ou un village ; d'autres ont le titre, mais aucun pouvoir. Leur seul privilège est de ne pas être soumis à l'impôt personnel. Le prince leur écrit : « Monsieur et cher..... » Il emploie pour eux le même format de papier que pour les cheiks de premier rang.

Les cheiks druses et maronites vécurent toujours en bonne harmonie et défendirent avec courage l'indépendance de leurs montagnes. Lorsque Soliman II s'empara de la Syrie, François Ier réclama de lui le respect du droit des chrétiens dans la Terre-Sainte. Soliman II promit que, sous son règne, personne ne les inquiéterait. Mais Amurah III, d'après l'historien Ibn-el-Kelaki, investit le Liban pendant sept ans et à diverses reprises essaya de gravir ses hauteurs ; mais il échoua constamment devant l'héroïque résistance des montagnards druses et chrétiens. Il leur envoya alors des messagers pour leur proposer des conditions de paix fort avantageuses et engager leurs chefs à se rendre dans la plaine de Bkaa pour conclure un traité avec lui. Ils y vinrent et furent tous massacrés.

Les janissaires du sultan, ayant à leur tête Ibrahim, pénétrèrent alors dans le Liban et firent un carnage affreux. Après ce massacre, un traité de paix fut signé et les montagnards durent payer une contribution de guerre écrasante.

Les cheiks chrétiens et druses se réunirent en conseil et décidèrent de remettre entre les mains d'un seul homme l'autorité sur tout le Liban. Leur choix tomba sur un émir de la famille Mane, d'origine druse, qui gouvernait quelques villes du district de Chouf depuis le XIIe siècle.

Ce fut dans les premières années du dix-septième siècle que le fameux émir Faker-el-Din, chef et gouverneur de la partie méridionale du Liban, porta à son apogée la puissance des Druses. Il voulut former un gouvernement complètement indépendant et étendit sa domination sur les pays voisins. Il parvint à se rendre maître de tous les pays depuis Adjloun, près de Damas, jusqu'à Beyrouth, Saïdda et Sour ; mais l'armée d'Ahmed II lui déclara la guerre et après une lutte de sept ans l'émir Faker-el-Din fut obligé de quitter Gézin et de fuir en Italie. Il laissait cependant son fils gouverneur du Liban. Après avoir passé neuf ans à Florence, il put revenir dans son pays ; mais Amurah IV envoya contre lui le pacha de Damas et après plusieurs rencontres sur les côtes de la Méditerranée, Ali, fils de l'émir, fut tué et Faker-el-Din se réfugia dans le village de Niha, d'un accès difficile à l'armée turque. Un an après, Faker-el-Din fut livré par ses compagnons et conduit à Constantinople où il fut étranglé (1632). Ses héritiers continuèrent à gouverner jusqu'à l'extinction de la race. Le dernier fut l'émir Ahmed. Ce furent les Chehab qui avaient déjà contracté des alliances avec les Mane qui leur succédèrent.

Nous empruntons à l'un des manuscrits de M. le comte Bouchaïd Dahdah une courte notice sur l'origine de cette illustre famille.

Pendant sa dernière maladie, Mahomet avait organisé une expédition contre la Syrie, l'armée se composait de plusieurs tribus ayant chacune à leur tête un de leurs émirs ; tous étaient soumis à l'émir Assamé Ibn Zaïd, général en chef. Mais Mahomet mourut avant le départ de son armée ; ce fut son khalife Aboubakir qui fit l'expédition. La tribu de

Makzaum avait pour chef l'émir El Harès Ibn Hascham qui combattit les chrétiens à El Hiermouk et à Marge-el-Saffra, dans le pays d'Haouran. Il prit part au siège de Damas où il fut tué. El Harès avait épousé une fille de Chehab Ibn Abdallah, de la tribu des Zohaïr, d'où était sortie Amné, mère de Mahomet. Le fils d'El Harès se nommait Malek, mais, pour lui rappeler sans cesse le souvenir de son grand-père, on ajouta à son nom celui de Chehab.

Après la prise de Damas, Malek Chehab y demeura avec sa famille, et quand Omar Ibn-El Haktab devint khalife, Maleck fut nommé émir d'Hauron. Alors il quitta Damas et vint habiter à Hauron. Plus tard, en 1159, quelques émirs de cette famille vinrent s'établir à Ouaddi-El-Taim entre le Liban et le Jourdain.

Un de ces émirs appelé Mounkez fut nommé gouverneur de la ville de Haspaïa et approuvé par le sultan de Damas Nour El Din Mamroud Zanki. La famille de Mounkez garda toujours cette dignité, mais en 1560, une dissension s'éleva entre l'émir Ali et son frère Achmad; le différend se termina par la prise de possession du gouvernement d'Aspaïa par Ali et de celui de Raschïa par Achmad.

Quand la dynastie Mane s'éteignit par la mort d'Alimet, dernier héritier de Falk-El-

Din, les cheiks de la montagne élurent pour gouverneur de Raschïa l'émir Béchir Ibn Hassan Chehab, neveu de l'émir Achmed Mane. L'émir Béchir resta gouverneur neuf ans (1705-1714). Son successeur fut l'émir Haïdar Ibn Moussa Ibn Ali qui dut son élévation à sa descendance d'Achmed Mane ; il gouverna 26 ans. A sa mort (1740), son fils aîné Mullhem lui succéda. Mullhem abdiqua en 1759, et comme son fils Joseph n'avait que onze ans, ce fut son frère Mansour qui devint émir à sa place; Joseph, élevé par un prêtre maronite, ayant acquis une grande renommée dans tout le pays, chercha à recouvrer son droit et à rétablir l'unité du gouvernement dans le Liban. A cette époque, c'était un cheik Mutuali, de la famille Hamadi qui tenait du pacha de Tripoli le district de Djebaïl (1). Joseph sut gagner le pacha de Saint-Jean-d'Acre qui lui donna l'investiture de la partie méridionale du Liban ; il gagna aussi celui de Tripoli qui ne s'opposa pas à la destitution des Hamadi et fit Joseph gouverneur de la province de Djebail ; il obtint aussi du pacha de Damas le droit de déclarer la

(1) La Syrie, à cette époque, était divisée en quatre *eyalets* : Alep, Damas, Tripoli et Saint-Jean-d'Acre. Le pacha de Tripoli donnait l'investiture de Djebail et Fétouch ; celui d'Acre la donnait à ceux qui devaient gouverner le reste du Liban.

guerre aux Mutualis qui envahissaient souvent les terres soumises à sa domination et, en l'an 1793, il entra à Daïr-El-Kamar. Il abdiqua ensuite en faveur de l'émir Béchir qui devint si célèbre depuis.

Le nouvel émir, dont l'esprit était juste et religieux, gouverna le pays comme un bon père de famille et donna toute sa faveur aux chrétiens. Il conféra des titres de noblesse aux plus anciennes familles, et seconda de tout son pouvoir le patriarche et les évêques. Sa faveur ne s'arrêta pas aux seuls Maronites ; il accueillit également les chrétiens des autres rites, tels qu'Arméniens, Syriaques, Grecs, etc., qui, persécutés dans les villes, se réfugiaient dans le Liban.

Ses prédécesseurs résidaient à Daïr-el-Kamar, où se trouvait une mosquée pour les musulmans. Le prince se retira à Baït-Elddin pour n'avoir pas à fréquenter la mosquée. Baït-Elddin devint aussitôt une petite ville. Il y construisit une grande église et un presbytère où résidaient l'évêque maronite du diocèse et plusieurs prêtres. Il eut, en outre, une chapelle dans l'intérieur de son palais.

Les chefs druses, voyant son attachement à la religion catholique et la faveur qu'il accordait aux chrétiens, résolurent de le remplacer par deux de ses cousins, qui furent conduits à

Saint-Jean-d'Acre pour recevoir l'investiture. Le prince fut obligé de se retirer dans le désert de Haouran pour pouvoir négocier avec le pacha. Il réussit et revint à Baït-Elddin après une absence de quelques mois. Son retour ne fut pas signalé par une grande sévérité de sa part ; mais, peu de temps après, les mêmes faits se renouvelèrent. Le prince fut obligé de s'embarquer et de chercher un asile en Égypte. Méhémet-Ali, qui avait des vues sur la Syrie, lui fit le meilleur accueil ; il lui obtint de Constantinople un firman ordonnant au pacha de Saint-Jean-d'Acre de destituer les usurpateurs et de rétablir le prince Béchir comme souverain définitif du Liban. Pendant le séjour de Béchir en Égypte, Tersom Pacha, fils de Méhémet-Ali, fut tué en Maroc et son corps amené au Caire. Le jour de la célébration des funérailles, Méhémet-Ali invita l'émir Béchir à assister à la cérémonie, il accepta et suivit le pacha avec ses fils, ses deux ministres Mançour et Ghaleb Dahdah et plusieurs autres personnages. Arrivé à la mosquée, il laissa entrer le pacha. et, ne voulant pas y pénétrer, lui chrétien, il se plaça avec les siens à la porte comme factionnaire. Méhémet-Ali le remercia de sa courtoisie et lui fit entendre qu'il comprenait son scrupule et qu'il approuvait sa conduite. L'émir revint en triomphe dans le Liban. Mais celui qui avait fomenté la révolte était Béchir Joumblat ; il se retira avec ses princes et ses partisans dans le Nord. Ils eurent le temps de réunir tous leurs partisans et vinrent avec une armée de 20,000 hommes assiéger le prince dans son palais de Baït-Elddin. Il n'avait là que sa garde composée de 300 cavaliers. Il résista plusieurs jours. Avant de se décider à une sortie, il fit parvenir au patriarche des Maronites, par l'entremise d'une vieille femme déguisée en mendiante, une lettre où il le priait de faire dire des messes par tous les prêtres maronites au jour qu'il lui désignait. Le moment venu, il sortit inopinément avec ses 300 cavaliers et se fit jour à travers l'armée assiégeante. Le cheik Jomblate et les autres chefs druses poursuivis jusqu'à l'extrémité sud du Liban se réfugièrent dans le désert de Hauran. Pour obéir au firman du sultan, le pacha de Saint-Jean-d'Acre lança le pacha de Damas à la poursuite des fugitifs. Les chefs druses furent tués et le prince châtia sévèrement les populations. Depuis lors, les chrétiens devinrent les maîtres dans le midi du Liban qui était mixte jusqu'alors. L'émir, plutôt que de mettre à mort les princes usurpateurs, leur fit crever les yeux et les plaça dans le centre du Kasrawan en leur payant une pension. Ce fut une grande tache sur son histoire. Mais il faut reconnaître ses grandes qualités personnelles et le bien immense qu'il fit au pays et à la religion pendant un règne de 55 ans.

Ce grand homme jetait un tel éclat sur tout le Liban et même à l'extérieur que partout, pendant son règne, les Libanais se virent estimés, et quand les nations voisines s'insurgeaient contre leurs gouverneurs légitimes, le pacha lui demandait des secours. Lorsque les habitants de Chékif, au nord de Sidon, se révoltèrent contre Abdallah, pacha de Saint-Jean-d'Acre, celui-ci demanda l'aide du grand Béchir qui ne tarda pas à lui envoyer une armée composée de Druses et de Maronites ayant à leur tête son propre fils. Cette armée, victorieuse des rebelles, les remit sous la domination de leur chef.

Quand la ville de Naplous et tous les Musulmans du pays de Nazareth se révoltèrent, eux aussi, contre le même pacha, le même secours fut demandé et obtenu et le drapeau libanais flotta sur la forteresse de Naplous que cette armée emporta d'assaut. Les insurgés durent faire leur soumission et payer le tribut qui leur fut imposé. Plus tard, l'armée égyptienne fut attaquée par des Nossaïre au nord du Liban. Ibrahim Pacha, fils de Méhémet Ali, appela à son aide l'émir et l'armée libanaise s'illustra dès lors autant au nord qu'au midi.

Mais comme l'émir avait toujours favorisé les missionnaires français et le consul de France et avait empêché les Anglais de distribuer des bibles dans le Liban, la flotte anglaise accompagna l'armée du sultan en 1840. Elle chassa de la Syrie le vice-roi d'Égypte et emmena l'émir prisonnier à Malte. On le transporta ensuite à Constantinople et de là à Zaafaramboul dans la Turquie d'Asie où il périt on ne sait comment. Béchir Hassem, neveu du grand Béchir, fut nommé gouverneur du Liban; mais comme il n'avait ni le génie ni l'énergie de son oncle, il ne put arrêter l'insurrection des Druses qui le renversa, et Omar-Pacha le remplaça provisoirement. Les Anglais prirent sous leur protection les Druses; il en résulta bientôt une guerre avec les Maronites. Les chrétiens qui habitaient le pays mixte succombèrent sous le nombre et furent massacrés. Les chrétiens de Kesserouane et du centre n'avaient pu venir les secourir, l'armée turque ayant intercepté le passage. Les gens de Fetouh commandés par Rouchaïd Dahdah eurent seuls l'honneur de prendre part à une bataille près de Beyrouth avant l'arrivée de l'armée turque.

Après ces événements les quatre puissances unies d'accord avec le sultan divisèrent le Liban en deux parties, le nord et le sud, et mirent à leur tête deux Kaïmakams, un Druse et un Maronite indépendants l'un de l'autre.

Le Druse était l'émir Ahmet-Rosslan, d'une famille princière druse ; le Maronite était l'émir Haydar, de la famille Aboullamaa, d'origine druse, aujourd'hui maronite, qui gouvernait alors le district de Maten sous la suzeraineté des princes Chehab.

Après la mort de l'émir Haydar, l'émir Béchir Ahmet Aboullamaa lui succéda et resta Kaïmakam jusqu'en 1860.

Après le massacre de 1860, les puissances chrétiennes, d'accord avec la Turquie, changèrent l'organisation du Liban et lui donnèrent une administration toute nouvelle. Le Liban est administré actuellement par un gouverneur chrétien nommé par la Sublime Porte. Ce fonctionnaire amovible est investi de toutes les attributions du pouvoir exécutif, il nomme les agents administratifs, institue les juges, convoque et préside le *metjlis* ou conseil administratif central et approuve l'exécution de toutes les sentences légalement rendues par les tribunaux.

Il y a pour toute la montagne un medjlis administratif central composé de membres choisis parmi les Maronites, les Druses, les Grecs catholiques, les Grecs schismatiques, les Mutualis et les Musulmans. Le conseil est chargé de répartir l'impôt et de contrôler la gestion des revenus et des dépenses. Il a voix consultative sur toutes les questions qui lui sont posées par le gouverneur.

Nous avons vu que de 1840 à 1860 il y eut deux Kaïmakamies, une chrétienne et une druse ; la Kaïmakamie chrétienne comprenait El-Metn, Cati-Beit-Chebab, Bekfaïa, Sahel Beyrouth, Kasrawan, Belad-Djebaïl, Belad-el-Batroun, Djebet-Becheri, El-Koura, Zahlé, Gharb-el Bekaa. La Kaïmakamie druse comprenait El-Chouff, Djezzin, Djébel-el-Rihan, El-Arkoub, El-Djerdaïn, El-Ghaabaïn, El-Monsseff, El-Chehar, Iklim-el-Teffah et Iklim-el-Haroub.

D'après l'organisation de 1861, la montagne est divisée en sept arrondissements administratifs, savoir : 1° le Koura, y compris la partie inférieure et les autres fractions du territoire avoisinant dont la population appartient au rit grec schismatique, moins la ville de Kalmoun située sur la côte et à peu près exclusivement habitée par des Musulmans ;

2° La partie septentrionale du Liban jusqu'à Batroun ;

3° Le Kasrawan ;

4° Le Maten, y compris le Sahel chrétien et le territoire de Kata et de Salima ;

5° Le Chouff, y compris le territoire situé au sud de la route de Damas à Beyrouth jusqu'à Djezzin ;

6° Djezzin et le Teffah ;

7° Zahlé et son territoire.

Dans chaque arrondissement se trouve un Kaïmakam nommé par le gouverneur et choisi dans le rit dominant. Le Kaïmakam de la partie septentrionale est Maronite ; celui de Koura est Grec schismatique ; celui de Kasrawan est Maronite ; celui de Maten est Maronite ; celui de Chouffe est Drusé ; celui de Djezzin est Maronite ; celui de Zahlé est Grec catholique.

Les arrondissements sont divisés en cantons dont le territoire est à peu près réglé sur celui des anciens Aklim *Klims* ou districts. Les cantons sont eux-mêmes subdivisés en communes qui se composent chacune d'au moins 500 habitants. A la tête de chaque canton il y a un médir nommé par le gouverneur sur la proposition du chef de l'arrondissement et à la tête de chaque commune un cheik choisi par les habitants et nommé par le gouverneur. Ces cheiks ont la fonction de juge de paix.

Dans chaque arrondissement il y a un medjlis judiciaire de première instance composé de trois à six membres représentant les divers éléments de la population. Au siège du gouvernement se trouve un medjlis judiciaire supérieur composé de douze membres appartenant aux sept nationalités auxquels on adjoint un représentant du culte israélite et un autre du culte protestant.

Le cheik, ou juge de paix, juge sans appel jusqu'à concurrence de cinq cents piastres, les affaires au-dessus de cinq cents piastres sont de la compétence du medjlis judiciaire de première instance.

En matière criminelle il y a trois degrés de juridiction : les contraventions sont jugées par le juge de paix, les délits par le medjlis de première instance et les crimes par le medjlis judiciaire supérieur.

Tous les membres des medjlis judiciaires et administratifs sans exception, ainsi que les juges de paix, sont choisis et désignés, après une entente entre les notables, par le chef de leur nation et institués par le gouvernement.

Les audiences de tous les medjlis judiciaires sont publiques et il en est rédigé procès-verbal par un greffier. Ce greffier est en outre chargé de tenir un registre de tous les contrats portant aliénation de biens immobiliers, lesquels contrats ne sont valables qu'après avoir été soumis à la formalité de l'enregistrement.

Les habitants du Liban qui commettent un crime ou délit dans un autre sandjak sont justiciables des autorités de ce gouvernement, de même que les habitants des autres pays qui commettent un crime ou délit dans la circonscription du Liban sont justiciables des tribunaux de la montagne.

Le Liban peut demander l'extradition des criminels et doit accéder à la même demande si elle lui est adressée par les pays voisins.

L'ordre est maintenu par un corps de police mixte recruté par la voie des engagements volontaires et composé à raison de 7 hommes par 100 hommes.

La Sublime Porte lève par l'intermédiaire du gouverneur du Liban un impôt de 3,500 bourses, somme qui peut être élevée jusqu'à 7,000 bourses lorsque les circonstances le permettent.

Le produit de ces impôts doit être principalement affecté aux frais d'administration de la montagne et aux dépenses d'utilité publique.

CHAPITRE XIII

Les Druses.

Les Druses sont connus de toute l'Europe; leur nom est synonyme de meurtriers. Ce peuple eût eu une autre réputation, si les intrigues politiques ne l'avaient séparé des chrétiens, avec qui il avait vécu pendant huit siècles.

En 996, le sultan Abou Almansour, qui était le sixième roi des Fatimites, gouvernait l'Égypte. Ce sultan poussa ses prétentions jusqu'à s'attribuer la divinité, et prit le nom de Hakam-Biamré. Voulant établir une religion, il eut recours à trois ou quatre partisans très habiles qui se firent les apôtres de la métempsychose, et firent croire au peuple que le sultan Almansour était digne d'être adoré, car l'âme d'Adam, disaient-ils, qui fut créée la première, continue son existence dans le genre humain, en passant de corps en corps dans des personnes de plus en plus parfaites.

Le Khalife Ali, ajoutaient-ils, avait possédé cette âme, et, après sa mort, elle était passée à ses successeurs dans le khalifat jusqu'au sultan Abou Almansour; ils enseignaient aussi que les esprits bons ou mauvais peuvent revêtir des corps humains : ainsi un honnête homme doit être un ange incarné, de même qu'un méchant homme doit être un démon. Parmi leurs partisans se trouvaient un Persan adorateur du feu nommé Ahamzé, un Égyptien nommé Mohamed-Ali Darzi ; tous deux écrivirent en faveur de la divinité d'Elhakem ; ils disaient que cette divinité continuerait à se transmettre à ses successeurs. Les deux apôtres distribuèrent au loin par des émissaires des brochures de propagande. Ceux qu'ils envoyèrent dans la Syrie ne purent réussir que dans le pays nommé Ouaddi El-Taïnn entre le sud du Liban et le Jourdain, où se trouvent les deux villes Raschaïa et Hasbaya habitées par des Musulmans. Il y avait à cette époque pour gouverner ces contrées du Liban une famille musulmane influente qui portait le nom de Tenoukhe ; elle avait à son service quelques Druses, sectateurs de Mohamed-Ali-Darzi. Ces derniers, profitant de l'influence de cette famille, s'introduisirent à Ouaddi Elaïn : un grand nombre de leurs coreligionnaires s'établirent dans le sud-est du Liban ; peu à peu, ils prédominèrent dans cette région ; une autre partie des Druses s'établit dans le Haouran : il n'en reste qu'un petit nombre dans Ouaddi-Elttaïn.

Les Druses ont une hiérarchie religieuse. Les chefs religieux s'appellent *Hakel* ou *savants*, et les gens du peuple, qui ne doivent pas connaître le secret de la religion, s'appellent *Jahel* ou *ignorants*.

Les savants ont des loges, comme les Francs-Maçons, mais les loges sont situées hors des villages ; ils ont un chef qu'on appelle cheik-el-Aakal, à qui tous les Druses obéissent.

Sous lui se trouve, dans chaque district, un chef qui, à son tour, a des inférieurs.

La connaissance religieuse est proportionnelle au grade. Lorsque le cheik-el-Aakal a un projet quelconque, il n'a qu'à transmettre ses ordres à ses subalternes qui appellent à leur tour ceux à qui ils commandent. Le secret est toujours recommandé pour les réunions faites dans les loges, et les savants seuls ont le droit d'y assister.

On a cru les Druses idolâtres, mais la question est toujours restée obscure ; ils n'ont pas de culte suivi à l'extérieur, et respectent également les chrétiens, les musulmans et toutes les sectes.

CHAPITRE XIV

Les Mutualis.

Les Musulmans se sont partagés en plusieurs sectes, l'une d'elles s'est établie au Liban : c'est celle des Mutualis, qui est peu nombreuse, et ne diffère des Musulmans primitifs que sur quelques points.

Voici quelle est son origine : A la mort de Mahomet, ses généraux se firent cruellement la guerre pour s'emparer du pouvoir ; Ali, cousin et gendre du prophète, fut battu malgré la justice de sa cause. Les adversaires d'Ali prirent le nom de Sinites, qui veut dire orthodoxes. Les défenseurs du droit d'Ali, appelés Chites, c'est-à-dire schismatiques, se divisèrent en plusieurs partis plus ou moins modérés, l'un d'eux, celui des Mutualis, allait jusqu'à lui accorder la divinité. Ce nom de Mutuali vient d'un verbe arabe *taqualla,* qui veut dire diviniser.

Les Mutualis n'ont jamais habité les villes dans la crainte de se mêler aux Sinites. Ils habitent en Syrie le Jabal Echchekif au-dessus du Saïda, ainsi que Baalbek et ses environs.

Une grande famille de ces Chites, nommée Haumade, dévasta une partie du nord du Liban dans les derniers siècles, et le pacha de Tripoli l'a investie du gouvernement du district de Gebail et Fetouh. Les Maronites de ce district, qui étaient peu nombreux, furent obligés de se soumettre à leur domination, et s'ils n'ont pas été trop tourmentés par cette secte, c'est grâce à l'ignorance des gouverneurs qui ont eu besoin des chrétiens pour secrétaires. Ces secrétaires exerçaient une grande influence sur les cheiks et les entretinrent toujours dans des sentiments de bienveillance envers les chrétiens. Les principaux secrétaires et administrateurs de ces gouverneurs étaient de la famille Dahdah qui, comme nous l'avons dit, obtint la seigneurie du district de Fétouh après que l'émir Joseph Chaab eut expulsé les cheiks Mutualis de cette contrée.

Sous le gouvernement des cheiks, les Mutualis possédaient les deux tiers de ces deux districts, mais actuellement, ils sont à peine huit à dix mille dans tout le Liban, et les chrétiens sont propriétaires de presque toutes les terres qu'ils avaient possédées au XVIIe siècle.

CHAPITRE XV

Les Nossaïris.

En 1773, les Musulmans de la tribu El-batenié, qui habitaient dans les villages des environs de Taurous, reçurent le baptême. Emerick, roi de Jérusalem, les exempta du tribut qu'ils devaient aux chevaliers du Temple de cette ville.

Cette tribu porte le nom de son chef : Noussaïr ; sa religion est un mélange des pratiques des Druses avec celles des Mutualis ; ils ont cependant conservé quelques fêtes et quelques usages chrétiens ; ils habitent au-delà de la frontière du Liban, du côté du nord.

CHAPITRE XVI

Relations de la France avec le Liban.

Depuis le ve siècle jusqu'à nos jours, un attrait tout particulier a créé des relations d'affection et d'alliance entre deux peuples, le Liban et la France. Après la conversion de Clovis, la France apprit qu'au tombeau du Sauveur, où le Christianisme avait pris naissance, et dans les montagnes du Liban se trouvaient des chrétiens professant les mêmes croyances et la même doctrine qu'elle-même ; son cœur, toujours touché par la faiblesse, se tourna alors vers ces contrées malheureuses, et elle attendit patiemment le moment où elle serait assez forte pour aller les délivrer.

Au temps de Charlemagne, le kalife Aroun-al-Raschid ne crut pas pouvoir trouver de don plus digne du roi de France que celui des clefs de l'église du Saint-Sépulcre (1), et Charlemagne envoya en retour l'argent nécessaire

(1) Eginhard dans son *Histoire de Charlemagne : Sanctissimum domini sepulchrum, ut illius potestati adscriberetur, concessit.*

pour restaurer les églises du Seigneur (1).

Plus tard, lorsque les cris de Pierre l'Ermite trouvèrent un écho dans le cœur des preux du moyen âge, et lorsque l'Europe se leva et partit en répétant : « Dieu le veut ! Dieu le veut ! » les Croisés, à leur arrivée en Syrie, virent descendre (2) les Maronites de leurs montagnes avec des vivres et des armes pour s'unir à eux et leur servir de guides.

Le sang versé pour défendre le même culte resserra encore le lien d'estime et d'amitié qui existait déjà entre la France et le Liban.

Le gouvernement du Liban fut rétabli, et les émirs s'associèrent aux rois de Jérusalem ; à cette époque, la protection de la France fut définitivement acquise à ces contrées, et n'a jamais cessé de s'exercer jusqu'à nos jours. Elle fut scellée par saint Louis à Saint-Jean-d'Acre, par une alliance dont il a signé l'acte lui-même, comme nous le voyons dans sa lettre, conservée dans les archives de notre patriarcat ; en voici le texte :

LOUIS, ROI DE FRANCE.

Au prince des Maronites du mont Liban, ainsi qu'aux patriarches et évêques de cette nation :

« Notre cœur s'est rempli de joie, lorsque

(1) Balluz, dans son *Histoire*.

(2) P. Azar, dans son ouvrage intitulé : *Les Maronites*.

« nous avons vu votre fils Simon, à la tête de « 25,000 hommes, venir nous trouver de votre « part, pour nous apporter l'expression de « vos sentiments affectueux, et nous offrir des « dons magnifiques. En vérité, la sincère ami- « tié que nous avons commencé à ressentir si « vivement pour les Maronites, pendant notre « séjour en Chypre, où ils sont établis, s'est « accrue encore bien davantage. Nous sommes « persuadés que cette nation, que nous trou- « vons établie sous le nom de saint Maron, « *est une partie de la nation française*, car son « amitié pour les Français ressemble à l'amitié « que les Français se portent entre eux. En « conséquence, *il est juste que vous et tous les « Maronites jouissiez de la même protection « dont les Français jouissent près de nous*, *et « que vous soyez admis dans les emplois, « comme ils le sont eux-mêmes.* Nous vous in- « vitons, illustre prince, à travailler avec zèle « au bonheur des habitants du Liban, et à « vous occuper de créer des nobles parmi les « plus dignes d'entre vous, comme il est « d'usage de le faire en France. Et vous, sei- « gneur patriarche, seigneurs évêques, tout le « clergé, et vous peuple maronite, ainsi que « votre noble prince, nous voyons avec une « grande satisfaction votre ferme attachement « à la religion catholique, et votre respect

« pour le chef de l'Église, successeur de sai
« Pierre, à Rome ; nous vous engageons à co
« server ce respect, et à rester toujours in
« branlables dans votre foi.

« *Quant à nous, et à tous ceux qui nous su*
« *céderont sur le trône de France, nous pr*
« *mettons de vous donner, à vous et à vot*
« *peuple, protection comme aux Français eu*
« *mêmes, et de faire constamment ce qui se*
« *nécessaire pour votre bonheur.* »

Dans un contrat, les parties s'engage mutuellement à garder les clauses conv nues ; le roi demandait aux Maronites la co servation de leur foi ; ils l'ont gardée pu et intacte ; la France promettait de couvr de sa protection ce peuple héroïque ; elle n'y jamais manqué, comme nous l'apprend l'his toire de ses rois jusqu'à Louis XIV et Louis XV par les deux lettres dont nous donnons ici l texte on voit combien ceux-ci tenaient suivre les traditions de leurs aïeux.

« Louis, par la grâce de Dieu, roy de Franc
« et de Navarre ; à tous ceux qui ces présente
« lettres verront, salut, savoir faisons : qu
« par l'advis de la reyne régente notre trè
« honorée dame et Mère, qu'ayant pris et mis
« comme nous prenons et mettons par ce

« présentes signées de notre main, *en notre* « *protection et sauvegarde spéciale,* le révérendissime Patriarche, et tous les prélats, ecclésiastiques et séculiers, chrétiens Maronites, « qui habitent particulièrement dans le mont « Liban : *nous voulons qu'ils en ressentent* « *l'effet en toutes occurences,* et pour cette fin « nous mandons à notre aimé et féal le sieur « de la Hayewentelay, conseiller en nos con-« seils, et notre ambassadeur en Levant, *et à* « *tous qui lui succèderont en cet emploi* de les « favoriser, conjointement ou séparément, de « leurs soins, offices, instances et protection, « tant à la Porte de notre très cher et parfait « ami le Grand-Seigneur, que partout ailleurs « que besoin sera, *en sorte qu'il ne leur soit* « *fait aucun mauvais traitement,* mais au con-« traire qu'ils puissent librement continuer « leurs exercices et fonctions spirituelles. En-« joignons aux consuls et vice-consuls de la « nation française établis dans les ports et « échelles du Levant, ou autres arborants la « bannière de France, présent et à avenir, de fa-« voriser de tout leur pouvoir le dit sieur pa-« triarche et tous les dits chrétiens Maronites « du dit mont Liban, et de faire embarquer sur « les vaisseaux français ou autres les jeunes « hommes et tous autres chrétiens Maronites. « qui y voudront passer en chrétienté, soit

« pour étudier ou pour quelqu'autre affaire
« sans prendre ni exiger d'eux que le nolis
« qu'ils leur pourront donner, les traitant avec
« toute la douceur et charité possible, prions
« requérons les illustres et magnifiques sei-
« gneurs, les bachats et officiers de sa hau-
« tesse, de favoriser et assister le sieur arche-
« vèque de Tripoli, et tous les prélats et
« chrétiens Maronites, offrant de notre part de
« faire le semblable pour tous ceux qui nous
« seront recommandée de la leur.

« Donné à Saint-Germain en Laye, le 28e jour
« d'avril 1649 et de notre règne le 6e. »

« Signé : Louis. »

Louis par la grâce de Dieu, empereur et roy tres chrétien de France et de Navarre, à tous ceux qui ces présentes lettres verront : Salut.

« Le patriarche d'Antioche et les chrétiens
« maronites établis au mont Liban, nous ont
« fait représenter que de temps immémorial,
« leur nation est sous la protection des empe-
« reurs et rois de France, nos glorieux prédé-
« cesseurs, dont ils ont ressenti les effets en
« toutes occasions : Et ils nous ont très-hum-
« blement fait supplier de vouloir bien leur
« accorder nos lettres de protection et de sau-
« vegarde : à l'exemple du feu roy notre

« très-honoré seigneur et bisaïeul, qui leur en « fit expédier de pareilles le 28 avril 1649, et « voulant de notre part traiter favorablement les « exposants : pour ces œuvres et autres bonnes « considérations, à ce nous mouvans ; nous les « avons pris et mis, comme par les présentes « signées de notre main, nous les prenons et « mettons en notre protection et sauvegarde ; « nous voulons qu'ils en ressentent les effets « en toutes occurences ; et pour cette fin, nous « mandons à nos aimés et féaux conseillers en « nos conseils et ambassadeurs à Constanti- « nople, consuls et vice-consuls de la nation « française établis dans les ports et échelles du « Levant, présents et à venir, de favoriser de « leurs soins, offices et protections, le dit sieur « patriarche d'Antioche, et tous les dits chré- « tiens Maronites du mont Liban, partout où « besoin sera, en sorte qu'il ne leur soit fait « aucun mauvais traitement, et qu'ils puissent « continuer librement leurs exercices et fonc- « tions spirituelles ; car tel est notre plaisir. « Prions et requérons le grand Empereur des « musulmans, notre très cher et parfait ami, « et les illustres bachats et officiers de sa Hau- « tesse, de favoriser et assister de leur protec- « tion le dit sieur patriarche d'Antioche, et « tous les dits chrétiens Maronites, offrant de « faire le semblable pour tous ceux qui nous

« seront recommandés de leur part; en foi de
« quoi nous avons fait mettre notre scel à ces
« dites présentes; données en notre château
« impérial de Versailles, le 12e jour d'avril,
« l'an de grâce 1737, et de notre règne le 22e.

« Signé : LOUIS. »

Louis XVI, Napoléon Ier et Louis-Philippe continuèrent ces traditions et jusqu'à ce jour le Liban n'a pas cessé d'être abrité sous les plis du bienfaisant et loyal drapeau de la France. Qu'on nous permette d'insérer ici une lettre que nous avons reçu dernièrement et qui témoigne de cette vérité :

« J'ai été empêché, à mon très grand regret,
« de répondre plus tôt à la lettre que vous
« m'avez fait l'honneur de m'écrire le 26 juin
« 1879. Je vous en remercie d'abord, et je veux
« profiter de l'occasion pour vous exprimer
« mes sentiments sincères au sujet de la bonne
« nation Maronite. Votre présence a ravivé tous
« mes souvenirs du Liban. J'avais à peine sept
« ans lorsque je vis en revenir en costume du
« pays mon oncle et ma tante qui, étant alors
« établis à Tripoli de Syrie, furent obligés de
« se réfugier dans la montagne, à l'occasion de
« l'expédition française en Égypte. Ce fut à
« Bechari qu'ils se retirèrent et ils y demeu-

« rèrent jusqu'à la fin de la persécution. Mon « père, qui était consul de France, à cette épo- « que, en Syrie, était rentré en France avant « la guerre, pour cause de santé. J'avais donc, « depuis ce temps-là, une faible connaissance « de la nation Maronite par la tradition orale. « Qui m'eût dit que je serais appelé à la com- « pléter par ma propre expérience? En effet, « j'ai occupé, successivement, tous les consu- « lats de France en Syrie, moins un. Je crois « donc bien connaître et le pays et ceux qui « l'occupent. Je me hâte de dire que la nation « Maronite est celle que je préfère de tout mon « cœur, et comment en serait-il pas autrement? « Le Maronite est catholique dans l'âme, et « Français dans les sentiments. Il l'a prouvé « depuis les Croisades jusqu'à nos jours. Le « Français est chez lui dans le Liban. Il est à « regretter que cela ne soit pas plus générale- « ment connu. Mais on le savait pourtant bien « à la cour, puisque lorsque je fus prendre « congé de la reine Marie-Amélie, partant pour « mon consulat de Damas, elle me dit, en me « parlant des Maronites, les propres mots que « voici : « Faites-leur le plus de bien que vous « pourrez. » La divine Providence permet « qu'aujourd'hui la situation soit tout autre « que nous le voudrions. Cependant ne per- « dons point courage

Celui qui dans sa main tient la paix et la guerre,
Tranquille, au haut des cieux, règle à son gré la terre.

« Mon dévouement pour les Maronites est « vif, sincère, et affectueux, croyez-le bien, et « veuillez agréer les assurances de la haute « considération, avec laquelle j'ai l'honneur « d'être, etc.

« Signé : VATTIER DE BOURVILLE. »

Lorsque pour nous se levèrent les jours malheureux de 1860, jours de sanglante mémoire, appelés par l'histoire *massacres* du Liban, Napoléon III informé de ces crimes nous envoya la flotte française, qui dès son arrivée fit tomber la hache des mains de nos ennemis. S'il reste quelques débris de la chrétienté du Liban, nous le devons à cette noble nation qui a pleuré nos malheurs et nous a tendu sa main secourable. Combien n'ai-je pas été douloureusement ému et agréablement surpris de rencontrer dans une famille de France, une jeune fille libanaise, qui, à l'âge de 14 mois, avait eu la tête fendue d'un coup de sabre ; son père et sa mère ayant été massacrés, l'enfant devait subir le même sort ; les généraux français recueillirent la petite fille qu'une Providence inespérée avait empêchée de mourir. Elle fut amenée en France par un commandant qui, en passant à Rome, la montra à Pie IX en lui disant : « Saint-Père, voici l'état des chrétiens du Li-« ban. » Pie IX fondit en larmes et, prenant l'enfant, la baptisa, lui donna son nom ; on l'appelle Pia. Pia a été adoptée par une riche famille de Paris ; ses père et mère adoptifs lui ont fait donner une brillante éducation, et l'ont mariée dans leur demeure. Qu'on me permette de taire le nom de cette famille si généreuse.

Ce que la générosité française a fait pour cette enfant, elle l'a fait pour beaucoup d'autres que ces horribles massacres avaient rendus orphelins. Si l'on veut connaître à la fois les désastres de 1860, qui ne firent que renouveler celui de 1846, et la confiance que les Maronites ont toujours mise dans les Français, qu'on lise la lettre adressée aux dames françaises par Mgr l'archevêque de Tyr et Sidon, le 20 octobre 1846.

« Aux femmes de la France, dont les vertus, « la grâce et la piété sont des perles sans tache, « Dieu accorde la vie éternelle !

« Après avoir adressé au Dieu tout-puissant, « créateur de toutes choses, nos ferventes « prières, pour qu'il conserve votre vie et votre « santé, et qu'il répande sur vous les trésors « de ses grâces, nous vous dirons que nous « avons déjà envoyé au peuple français une

« adresse de la nation maronite et de nous, « dans laquelle nous rapportons les maux « inouïs dont les Druses et autres infidèles « nous ont accablés, ainsi que tous les autres « catholiques de Syrie.

« Toute l'Europe connaît d'une manière cer- « taine cette épouvantable catastrophe, cette « guerre impie dans laquelle le sang du juste « a coulé comme l'eau ; les églises, les cou- « vents, les collèges ont été ruinés ; les « femmes, les jeunes filles, les vierges consa- « crées au Seigneur ont été l'objet d'odieuses « violences ; les images saintes, les croix bé- « nies ont été livrées aux flammes ; les minis- « tres de Dieu sont devenus le jouet des bar- « bares ; les demeures des chrétiens ont été « renversées et toutes leurs propriétés saccagées « jusqu'à deux et trois fois.

« Personne n'ignore aujourd'hui la profonde « misère à laquelle se trouvent réduits les « chrétiens : nus, affamés, fugitifs, errants « dans les déserts et les lieux sauvages, n'ayant « pour toute nourriture que des herbes bouil- « lies, pour couche la terre dure, pour toit le « ciel ; car, de tout ce qui leur appartenait, il « ne leur reste plus rien qu'un sol inculte et « dévasté. Il y a bien longtemps, depuis la pre- « mière et la seconde guerre, que nous gémis- « sons sous le poids insupportable de ces

« amères tribulations ; il y a sept années que « cela dure, il y a sept années que nous « nous résignons ; beaucoup d'entre nous sont « déjà morts, écrasés sous le poids de leurs « maux.

« A peine, en effet, avions-nous relevé « comme nous l'avions pu nos églises et nos « maisons, et réparé autant qu'il nous était « possible nos désastres, que les ennemis se « sont levés tout à coup et, plus encore que dans « la première guerre, ils ont de nouveau dé- « truit et ravagé tout ce qui nous avait coûté « tant de peine à renouveler. Tous les maux « dont ils nous accablèrent furent accompagnés « d'horribles barbaries ; comment vous racon- « ter ces choses ? les petits enfants déchirés en « deux parts ; d'autres hachés à coups de sabre « avec le sein qu'ils suçaient encore, avec les « mains maternelles qui cherchaient à les « garantir ; d'autres tombant sur le corps de « leurs mères, percés du coup qui leur donnait « la mort ; les ennemis n'ont pas même res- « pecté les pauvres créatures qui n'avaient « point encore vu le jour ; ils les arrachaient « par une large blessure du sein qui les recé- « lait encore ! Une foule de femmes et d'en- « fants périrent de ces différentes manières. « Beaucoup de vierges furent déshonorées ; « beaucoup reçurent la mort en défendant leur

« pureté ; d'autres furent tuées par les barbares « qui la leur avaient ravie! Beaucoup se tuèrent « elles-mêmes en se précipitant des terrasses « pour sauver leur virginité ! Il serait trop long « de vous raconter tous ces lugubres détails.

« Comment pourrions-nous résister, nous « que la famine affaiblit et décime chaque jour? « Beaucoup d'entre nous, d'ailleurs, vivent « hors de leur pays, errants dans les déserts et « dans les lieux sauvages, et ne peuvent relever « les ruines de leurs demeures ; et pourtant ils « n'ont aucun autre abri ; semblables à l'éclair, « nos plaintes ont parcouru la terre, et l'uni- « vers entier a vu nos larmes ; nous nous « sommes adressés à toutes les puissances chré- « tiennes et surtout à la France pour laquelle « nous prions chaque jour ; et de tant de « pleurs, de tant de suppliques adressées, tant « par nous que par nos délégués, nous n'avons « rien retiré, rien qu'un surcroît de douleurs « et d'afflictions de la part de nos ennemis! « Cela vient-il de la volonté de Dieu ou de la « dureté du cœur de nos frères chrétiens de « l'Europe ? Nous ne le savons pas. Et pour- « tant, l'on connaît notre faiblesse, notre pau- « vreté, notre misère ; l'on a entendu les san- « glots de nos enfants, de nos veuves et de nos « orphelins ; l'on a vu verser le sang des justes « dont la voix est montée jusqu'au cœur de

« Dieu... Oh ! si les arbres avaient une langue,
« ils parleraient pour appeler sur nous la mi-
« séricorde, pour qu'on nous délivrât de ces
« maux ; les pierres elles-mêmes rendraient
« témoignage en notre faveur et diraient que
« nous sommes dignes de salut et de pitié.

« Vous savez tout ce qui s'est passé, vous,
« vers lesquels nous n'avons cessé de crier,
« nous avez-vous donné quelque preuve du
« désir que vous aviez de nous sauver? Que la
« sainte volonté de Dieu soit faite ! Nous en
« appellerons maintenant à la miséricorde du
« Dieu tout-puissant, gloire à son nom ! nous
« en appellerons à la miséricorde de la Sainte
« Vierge Marie, mère de Dieu, reine des Saints,
« fontaine des miséricordes, médiatrice de nos
« prières auprès de Dieu et dispensatrice de
« ses grâces, nous en appellerons à cette mère
« sublime du genre humain, à cette mère de
« toutes les mères et de toutes les femmes ;
« nous en appellerons à toutes ces femmes
« zélées pour le bien qui font l'honneur de la
« France ; nous leur ferons entendre nos
« plaintes, nos gémissements et nos sanglots,
« et nous leur demanderons pitié ! Pitié pour
« nous ! ô femmes chrétiennes de la France et
« de l'Europe, délivrez-nous de nos ennemis,
« faites-nous rendre notre prince et sa famille,
« et vous nous aurez rendu notre liberté.

« Nous savons que vous pouvez le faire, car « c'est par la main des faibles que Dieu se plait « à manifester sa puissance. N'est-ce pas par « Moïse, Aaron et Marie qu'il a voulu sauver « le peuple hébreu ; par Judith qu'il a sauvé « Béthulie ; par Esther qu'il a mis un terme à « la captivité d'Israël, enfin par la Sainte Vierge « Marie, gloire à son nom ! qu'il à voulu sau- « ver le monde.

« O nobles femmes de la France, vous dont « le courage, la charité, le zèle ardent et la « sensibilité ont souvent fait la gloire de votre « patrie, le doux parfum de vos vertus est « arrivé jusqu'à nous ; et nous avons appris « tout le bien que vous avez fait au saint Pon- « tife Pie VII, quand il se trouvait parmi vous ; « nous l'avons su, car, de concert avec les « princes de l'Église, il a rendu hommage à « vos mérites ; nous avons su que c'est vous, « qui, par vos dons, par votre protection, avez « assuré le salut de la Grèce. Sa liberté lui « vient de Dieu et de vous. Elle est libre main- « tenant ; ne jetterez-vous pas un regard sur « nous, que le baptême, la foi et la sainte table « font vos frères ? N'avons-nous pas un même « chef à Rome, et ne sommes-nous pas une « église catholique ? Nous, Maronites, ne vous « sommes-nous pas liés d'une manière toute « spéciale, nous, dont le sang mêlé au vôtre

« n'est autre chose que votre sang ! Nos enfants « sont vos enfants ; car, à l'époque des Croi- « sades, nous marchions ensemble à la con- « quête de la Terre-Sainte. De nombreuses « alliances nous ont fait les parents de vos « pères ; beaucoup d'entre nous sont Français « d'origine, parce qu'un grand nombre de Croi- « sés se sont fixés dans nos montagnes ; et « pourtant, aujourd'hui, ils sont Maronites. « Puis, ô Français, ne sommes-nous pas liés à « vous par le cœur ? et c'est encore cette raison « qui nous fait dire que notre sang et notre « honneur sont les vôtres. Nous sommes vos « enfants, car il y a bien longtemps que nous « vivons à l'ombre de vos ailes. Une multitude « de Maronites ont versé leur sang pour l'amour « et pour la cause de la France. Les malheurs « dont nous parlons surtout ont frappé les « diocèses de Beyrouth et de Saïda qui em- « brassent la Terre-Sainte, Sour, Acca, Naza- « reth, Haiffa, Jaffa, Jérusalem, Bethléem, « Naplouse, jusqu'à Damas. Depuis quarante « ans que je suis l'humble serviteur de ce dio- « cèse, je n'avais jamais vu, jamais ouï-dire « qu'une semblable désolation eût affligé les « chrétiens de Syrie.

« Je n'ai point été épargné ; tout ce qui « m'appartenait a été deux fois saccagé ; l'on « ne m'a pas même laissé mon anneau, ma

« mitre et mon bâton pastoral, car j'ai été forcé « de fuir pour sauver ma vie, avec les seuls « habits qui couvraient mon corps ; mainte- « nant, il ne me reste absolument rien, et sans « la charité de notre saint patriarche qui m'a « recueilli, je serais mort comme tant d'autres, « de faim et de misère. Que le nom de Dieu « soit béni !

« Mais aujourd'hui, mon diocèse, tout le « peuple maronite et moi, nous avons une vé- « ritable espérance : car c'est à Dieu, c'est à sa « sainte Mère, c'est aux femmes chrétiennes « de la France et de l'Europe que nous adres- « sons nos prières. Femmes françaises, agneaux « de Jésus-Christ, vous dont le zèle est comme « une perle précieuse devant le Seigneur, soyez « bénies ! Vous dont les cœurs s'ouvrent à la « pitié, vous qui avez des entrailles de misé- « ricorde, ayez pitié de nous !

« Prêtez l'oreille à nos cris, et rachetez le « sang de ce qui reste d'Israël, de ce qui reste « de Maronites, sauvez leur vie, venez en aide « à leur faiblesse, faites-leur rendre leur hon- « neur qui engage le vôtre ; nous vous en con- « jurons par le sang de Jésus-Christ, car c'est « par lui que vous êtes nos sœurs, arrêtez le « bras de nos ennemis, mettez un frein à leurs « bouches qui nous hurlent l'injure, parce que « nous sommes vos frères. O femmes de la

« France et de l'Europe chrétiennes, pieux « soutiens de l'Église catholique et du saint « vicaire de Jésus-Christ, c'est à vous que nous « avons recours, car nous savons que les chré- « tiens de France ont toujours été le plus « ferme appui du Saint-Siège. O France, « France, noble tribu de Juda, fille aimée de « David, avez-vous donc oublié vos labeurs et « vos fatigues, votre sang versé aux plages de « Syrie, vos morts qui reposent dans cette terre « de Syrie, et votre glorieuse protection pour « cette terre sacrée ? Qu'est devenu votre hon- « neur ? Avez-vous oublié que mon pauvre « diocèse est celui qui donna naissance aux « saints, aux bienheureux apôtres, à la Vierge « Marie et au Sauveur du monde ? Souvenez- « vous que votre salut, la vie de votre âme et « de votre corps, votre délivrance de la servi- « tude de Satan sont sortis de ce diocèse ; « souvenez-vous que c'est là que les portes « du ciel se sont ouvertes pour vous et que « l'homme a été élevé en gloire au-dessus des « anges par l'alliance de sa nature avec celle « de Dieu lui-même !

« Voulez-vous laisser périr tous les chrétiens « de ce diocèse, tous ceux qui habitent cette « montagne sainte dans laquelle, malgré son « désir, Moïse ne put entrer ? Qu'avez-vous « fait de cette foi, de cette charité, filles ardentes

« du christianisme? qu'avez-vous fait de ces
« paroles de Jésus-Christ, gloire à lui! :
« Aimez-vous les uns les autres comme je
« vous ai aimés »! de ces paroles de l'Apôtre!
« La foi sans la charité ne sert de rien »; de
« ces paroles de saint Paul: « Quand j'aurais
« accompli toutes les prescriptions de la loi,
« fait des miracles, livré mon corps aux
« flammes, si je n'ai la charité, cela ne me
« sert de rien »! Où donc est le zèle des chré-
« tiens? Ne sont-ils pas un seul corps? Les Ma-
« ronites ne sont-ils pas un doigt de ce corps?
« Comment se fait-il qu'ils n'aient pas res-
« senti leurs douleurs? Qu'ils viennent à Saïda
« et dans les autres lieux! Ils verront nos
« ruines, ils verront nos enfants dévorés dans
« les déserts par les bêtes sauvages. Devons-
« nous dire qu'il n'y a plus de compassion,
« plus de charité sur la terre? Et quand tous
« abandonneraient les Maronites, les Français
« devraient-ils les abandonner? Les Maronites
« sont leurs enfants; toujours ils ont combattu
« dans leurs rangs, et sans ces deux nations
« il ne resterait plus rien des vestiges sacrés
« de la Terre-Sainte.

« O femmes de la France, ô filles de la Vierge
« des douleurs, consolez-nous et venez nous
« sauver; et pourtant pardonnez aux paroles
« d'un vieillard; comment pourrait-il se taire,

« lui dont la blessure est la plus cruelle, lui
« qui plus que tous les autres a des larmes à
« verser sur lui-même et sur son troupeau.
« Deux cents membres de ma famille ont été
« massacrés par les infidèles; je ne parle pas
« de ceux qui sont morts de misère; toutes les
« églises, tous les couvents, tous les séminaires
« de mon diocèse et ma propre maison archié-
« piscopale ont été détruits deux fois; un grand
« nombre de mes prêtres et de mes religieux
« ont été égorgés, et moi-même je suis resté
« comme nu au sortir du sein de ma mère.
« Nous vous prions donc, femmes françaises,
« nous tous, peuple maronite, hommes et
« femmes, enfants et vieillards, religieux et
« religieuses, prêtres et laïques, d'appeler sur
« nous la miséricorde, de nous faire rendre
« notre prince et sa famille, et de nous aider
« par tous les moyens qui sont en votre pou-
« voir. Nous prierons le Dieu tout-puissant
« d'accroître vos vertus, votre gloire, et votre
« vie dans tous les siècles. *Amen, amen.*

« 20 octobre 1846.

« Signé : † Abdallah Boustani,

« archevêque de Saïda et tous les fidèles maronites
« de son diocèse, accablés de douleur. »

Mgr Paul Massad, notre patriarche actuel, n'a pas voulu laisser tomber en désuétude ces traditions si douces au cœur des Maronites. Venu à Rome en 1867 pour le centenaire de saint Pierre, il ne voulut point retourner au Liban sans renouveler à la nation française et à son souverain les témoignages d'affection et de respect que notre nation a toujours été fière de lui rendre.

Dès son arrivée à Paris, Sa Béatitude offrit à l'empereur Napoléon III les hommages de sa nation et fut invité par Sa Majesté à dire la sainte Messe aux Tuileries. Leurs Majestés s'entretinrent ensuite avec lui : « Monseigneur, lui dit l'Empereur, vous savez combien la France aime votre pays et s'intéresse à sa prospérité ; vous êtes le premier patriarche qu'ait vu mon peuple, je suis heureux de vous recevoir au milieu de nous. Vous connaissez les besoins de ces Français de l'Orient, dites-les moi, et je suis disposé à vous accorder tout ce que vous demanderez. » Le Patriarche répondit : « Sire, les Maronites ont toujours été redevables à la France, ils le seront toujours. Leur besoin est d'être entourés de la protection de son gouvernement et de l'affection de son peuple. »

L'Empereur parut ému, et quelques jours après, Mgr Paul Massad, patriarche des Maronites, recevait la croix de la Légion d'honneur.

L'accueil fait à Sa Béatitude et les assurances

qu'Elle emporta de l'amour des Français rendirent heureux tous les enfants du Liban.

Du reste, il y a dans le pays même des preuves de l'antiquité de nos rapports avec la France. Plusieurs familles libanaises portent des noms français. J'ai retrouvé en France les noms des Bekrek, des Kerkemas, des Jouin, des Donat qui ne m'étaient pas inconnus; à Ghazir, une famille fort ancienne porte le nom de Jouin. A Fétouh, une autre s'appelle Kerkemas, nom d'origine bretonne; Bekreek est un nom flamand qui se retrouve au Liban, comme Donat, nom assez commun en France.

Différents lieux ont aussi gardé une dénomination toute française : telle est la *Fontaine de la joie* dans le district de Fétouh et le fleuve de l'*Amour* non loin de Sidon. La petite ville de Dorat dans la Haute-Vienne est aussi représentée au Liban par un village aux pieds de Balbeck.

Pour résumer tout ce chapitre, nous pouvons dire que les Maronites n'ont jamais cessé de regarder la France comme leur mère. Ils étaient pleins d'une noble fierté quand ils la voyaient belle, puissante et respectée des autres nations. Les regards de cette tendre mère qui parcouraient sans cesse les plages du monde pour y trouver des malheurs à secourir se sont arrêtés avec complaisance et amour sur ses enfants du

Liban; elle leur a toujours prodigué les témoignages de sa tendresse maternelle par la vivacité de ses sympathies, et l'efficacité de son assistance. Grâce à Dieu, cette mère n'a jamais pu reprocher à ses enfants d'Orient le manque de respect ou l'ingratitude. Jamais dans nos actes nationaux nous n'avons agi qu'après avoir conféré avec ses agents et consulté son gouvernement. Pour savoir combien les Maronites ont été fidèles à la France, on n'a qu'à consulter les archives du ministère des Affaires étrangères et qu'à lire attentivement les rapports que les anciens représentants de la France ont envoyés à leur gouvernement sur l'attachement de ce peuple à leur patrie. Si les rapports des temps présents ne sont pas conformes aux anciennes traditions, le ministre n'a qu'à bien examiner et il pourra constater facilement qu'ils auraient dû rester les mêmes, car je puis affirmer que les sentiments des Maronites envers la France n'ont pas changé et ne changeront jamais.

Quand la France est dans l'affliction, le contre-coup en retentit dans le cœur des Maronites. Les consuls ont été témoins de notre douleur et de nos prières en 1870. Notre gouvernement de Constantinople, lui-même, a toujours respecté l'union de ces deux peuples, frères par le sang et la foi, et a toujours consenti au protectorat de la France dans les Lieux Saints, protectorat qui a encore été confirmé tout récemment au Congrès de Berlin.

La gloire de la France, par une permission spéciale de la Providence, a été un peu éclipsée, mais la foi vit encore au cœur de la nation ; la sève est endormie dans l'arbre, mais elle n'attend qu'un printemps pour monter et s'épanouir en fleurs et en fruits. Ce printemps arrivera bientôt, si Dieu exauce nos prières, et nous reverrons notre mère adoptive belle et forte comme autrefois. Alors nos cœurs se dilateront de joie et nous pourrons nous écrier comme le père du Précurseur : *Benedictus Deus Israel quia visitavit et fecit redemptionem plebis suæ.* (L. I, 68.)

DEUXIÈME PARTIE

CHAPITRE PREMIER

Mes adieux et mon départ de Beyrouth ; mon arrivée en France.

Quand l'archevêque de Beyrouth eut décidé que je viendrais en France avec un confrère pour nous perfectionner dans la langue, y étudier les usages et les mœurs afin de les apprendre à nos frères du Liban, j'allai auprès de Sa Béatitude le Patriarche lui demander sa bénédiction. Il me témoigna la tendresse la plus paternelle et me dit : « Allez, cher enfant, je vous bénis de tout mon cœur et vous félicite de ce que vous allez vous mêler à un clergé modèle dans l'Église catholique. Je vous recommande bien d'avoir avec lui de bonnes relations afin de lui laisser une impression favorable. » Je promis à Sa Béatitude de faire apprécier nos peuples autant qu'il serait en mon pouvoir pour leur conserver l'amour des Français. Je me jetai ensuite à ses pieds, le cœur ému, les yeux baignés de larmes et, reçus dans la plénitude de sa tendresse apostolique une affectueuse bénédiction.

Je revins vers l'archevêque de Balbeck, à la juridiction duquel j'appartenais ; c'est de sa main que j'avais été promu aux ordres sacrés. Cette circonstance dans la vie d'un prêtre établit entre le consacrant et l'ordonné un lien qui ne se rompt jamais. Monseigneur m'a dit : « Il me coûte de vous voir partir, nous comptions sur votre concours et votre zèle ; mais comme votre voyage sera utile à nous et à notre diocèse, nous vous accordons cette permission, et nous prions le bon Dieu de tout notre cœur de vous accompagner et de vous rendre bientôt à notre pays. »

Je me présentai ensuite à l'archevêque de Damas, Mgr Dadah, qui, avec sa bénédiction, me donna beaucoup de conseils que je pourrais intituler : le *Guide de mon voyage*.

Obéir n'était qu'agréable, mais obtenir de ma famille le consentement était la véritable difficulté. Je dus prier sa grandeur Mgr l'archevêque de Balbeck d'obtenir le consentement d'un oncle vénéré que je chérissais tendrement. Mon oncle est supérieur du couvent de Mar-Rouhana, vicaire général de l'archevêché de

Balbeck, examinateur de ceux qui, réguliers ou séculiers, se destinent à la dignité sacerdotale. Il me prit en affection dès mon plus jeune âge, et voulut lui-même se consacrer à mon éducation. Lui parler de mon départ me paraissait impossible. Devant la volonté de Dieu manifestée par la bouche de l'archevêque, mon oncle consentit.

Nous ne pûmes échanger une parole d'adieu, nos sentiments se traduisirent par des larmes; pendant son sommeil j'entrai furtivement dans sa chambre, je l'embrassai une dernière fois, baisai sa main, et m'éloignai, priant Dieu de m'aider dans ce sacrifice et de m'accorder de revoir encore cet oncle, mon bienfaiteur et mon meilleur ami.

Le consentement de mon père devait achever les émotions douloureuses de ce départ : déjà le bruit de mon voyage en France avait transpiré au dehors, mes frères et mes sœurs en avaient eu quelques soupçons; ils vinrent se ranger auprès de notre père pour apprendre de sa bouche la vérité de ces on-dit. Craignant que les larmes que j'allais lui faire verser ne fissent défaillir mon courage, je résolus de voir mon père seul à seul. Dix jours s'écoulèrent, je n'avais pas encore saisi le moment propice, quand la surveillance devenant moins active, je le priai de m'accorder quelques instants d'entretien. Je lui fis connaître dans cette suprême et solennelle entrevue, qui devait être la dernière, la volonté du patriarche et des évêques, et ma résolution de ne pas m'y opposer. « Mon « voyage ne sera pas long, accordez-moi, mon « père, votre consentement et votre bénédic- « tion !

— « Ce n'est pas une bonne nouvelle que « vous m'apprenez, mon enfant, me dit-il, je « suis au seuil de la tombe et vous allez me « quitter!

« J'aurais désiré que votre voyage fût ajourné « après ma mort, j'eusse aimé d'être assisté « de vous à ma dernière heure. Mes jours ne « seront plus bien longs, si je pouvais croire « votre présence indispensable au salut de mon « âme, je retarderais votre départ, et j'oserais « dire à votre archevêque que l'âme d'un père « a des droits imprescriptibles ; mais Dieu « m'aidera, allez ! Que mon affection pater- « nelle ne soit pas pour vous une cause de dé- « sobéissance à vos supérieurs ecclésiastiques « et de péché pour moi. Je vais employer le « reste de ma vie à faire une pénitence qui « préparera mon âme à faire le voyage de l'éter- « nité. Allez partout où Dieu vous demande, « et quand on vous annoncera ma mort, sou- « venez-vous que vos devoirs de fils chrétien « vont au-delà du tombeau, vous prierez pour

« moi. » Je me mis à genoux, et mon père levant les mains me bénit.

Je compris que je lui disais adieu pour ne plus le revoir et mon cœur en ressentit un indicible déchirement. A ces funérailles anticipées, est-il une âme qui puisse rester insensible ! Je crus mourir.

Mes frères et mes sœurs à la garde desquels je venais d'échapper, poussés par une curiosité bien légitime, grimpèrent sur des échelles et, l'œil fixé à une petite ouverture, avaient assisté à cette scène d'adieu ; il en résulta quelques jours de lutte, bien des larmes, et puis je m'enfuis.

Mon père est mort avant mon retour comme il l'avait pressenti. A sa dernière heure il réunit ses enfants, leur accorda sa bénédiction et ajouta : « *A celui qui est loin de nous,* dites-lui « que je le bénis deux fois. » Ce furent ses dernières paroles. Elles me furent transmises, et lorsque je les reçus, je m'agenouillai devant le Saint-Sacrement, et unissant mon holocauste à celui de Jésus-Christ, je laissai couler mes pleurs...

Arrivé à Beyrouth, j'y trouvai mon compagnon de voyage ; notre archevêque nous bénit, et nous allâmes prier ensuite au tombeau du Sauveur.

Une foule d'amis et de connaissances nous

accompagnèrent jusqu'au port où nous nous embarquâmes sur le vaisseau français *l'Alphée,* puis on leva l'ancre. Le vaisseau cinglait au nord et lentement le rivage disparut à nos regards, les montagnes du Liban ne nous montrèrent plus que les cimes neigeuses qui bientôt se perdirent dans le lointain : nous étions en pleine mer. Nous abordâmes à Alexandrie, et le navire y mouilla deux jours ; nous en profitâmes pour visiter cette ville à laquelle se rattachent tant de souvenirs. Nous n'espérions plus trouver d'amis. Dieu nous gardait cependant encore une de ces jouissances doublement chères au voyageur sur une terre inconnue. Les RR. PP. Moukarzel et Michel Simon, curés de notre église maronite en cette ville, nous reçurent très fraternellement et nous souhaitèrent un prompt retour.

Après les avoir quittés, nous retrouvâmes l'isolement ! cet isolement qui jette le cœur dans un vide plus profond que les mers, plus grand que le monde ! Quelle est l'âme ayant ressenti cette impression de l'exil qui, effrayée de sa solitude, n'ait imploré le regard du Créateur, et l'appui d'un compagnon de route. « Eh bien ! dis-je à mon confrère, vous êtes désormais mon seul ami comme je suis seul à être le vôtre, vous pouvez compter sur moi comme je compte sur vous. » Il me pressa la main et un silence éloquent confondit nos deux âmes dans une commune affection et une commune prière. Mais, peu de temps après, la mer, calme jusque-là, nous fit entendre de sourds mugissements, et, soulevant bientôt ses flots écumeux, nous donna le spectacle d'une tempête, au sud de la Corse ; pendant quatre jours, le vaisseau menaça de sombrer, nous nous confessâmes l'un l'autre et attendîmes la mort. Après une lutte héroïque, *l'Alphée*, vainqueur de l'ouragan, fier et tranquille, continua sa marche. Les regards tournés vers la terre, nous bondîmes de joie en voyant poindre dans un lointain horizon le clocher de Notre-Dame de la Garde : c'était la France ! Il nous tardait de mettre le pied sur ce sol aimé, et déjà oubliant la tempête et les souffrances, nos cœurs s'épanouissaient de vie. Nous comptions les instants qui nous séparaient du moment où on jetterait l'ancre, quand le capitaine, virant de bord, donna ordre de continuer la marche. « Nous sommes à Marseille, crièrent d'une seule voix tous les passagers, où nous menez-vous? — Au Lazaret, » répondit froidement le capitaine, et, inflexible, il nous éloigna du rivage. On n'entendit que plaintes et murmures ; nous arrivâmes à la quarantaine. Nous n'avions pas de malades à bord, quoique ayant traversé Naples où sévissait le choléra ; mais il était prudent de séjourner dix jours dans l'île, c'est ce à quoi nous fûmes condamnés.

Dans cette île bientôt remplie de monde, nous trouvâmes à peine à nous loger, mais nous eûmes une église pour dire la messe, ce qui nous fut un dédommagement bien agréable. Nous commencions à languir dans cette attente, et cinq jours seulement s'étaient écoulés quand j'entendis appeler en plein champ : « Le P. Zouaïn? Où est le P. Zouaïn? » C'était une lettre de Marseille ; elle m'apprenait que nous étions attendus par une famille amie de l'archevêque de Beyrouth qui avait bien voulu nous recommander à elle ; tout ce dont nous avions besoin nous était offert. le plus pressant était de quitter le Lazaret ; mais il fallait attendre.

Notre dizaine achevée, nous vînmes à Marseille, nous fûmes accueillis par M. Elias Dahdah. Son aimable réception nous fit oublier que nous étions loin de la patrie, et ouvrant nos cœurs à ceux qui nous ouvraient les bras, nous nous crûmes Français.

M. Dahdah, Libanais d'origine, appartient à la plus antique noblesse de nos pays.

Nous allâmes, dès le lendemain, offrir nos hommages à la Vierge de la Garde qui avait bien voulu nous préserver des périls de la mer.

M. le comte et Mme la comtesse de Villeneuve Flayose, prévenus aussi de notre voyage en

France par le R. P. de Villeneuve, jésuite de Ghazir, se tenaient au courant de notre arrivée! Quand ils la connurent, M. le comte de Villeneuve daigna venir exprès de Roquefort, près Aubagne, à Marseille, pour nous emmener nous reposer dans son château; mon compagnon souffrant dut y renoncer; j'allai seul au sein de cette noble famille qui me combla de soins et d'égards, et ne me laissa prendre congé d'elle sur mes instances réitérées que dix jours après.

La différence des climats ne nous permit pas de passer l'hiver à Paris, nous dûmes rester près d'Hyères. Ce n'est qu'au printemps qu'il nous fut possible de nous mettre en route pour la capitale; mon compagnon toujours malade dut s'arrêter à Tarascon chez les Pères Prémontrés qui, de bon cœur, lui donnèrent l'hospitalité. Je le quittai pour continuer mon voyage et je fus bientôt à Paris. Je descendis à l'hôtel des Missions Étrangères qui m'avait été indiqué comme très recommandable pour les ecclésiastiques.

CHAPITRE II

Premier voyage. — Quêtes dans le Nord.

Après un séjour d'un mois à l'hôtel des Missions Étrangères, je demandai l'hospitalité à l'école des Carmes où je fus accueilli par son digne Supérieur, par tous les éminents professeurs et les jeunes prêtres choisis dans tous les diocèses pour y recevoir une instruction supérieure; tous m'ont entouré des témoignages de la plus sincère affection. Ce fut là que je séjournai pendant deux ans, 1874 et 1875. Après avoir passé en France ce temps suffisant pour en étudier les institutions, j'étais sur le point de retourner dans mon pays, quand je reçus de l'archevêque de Beyrouth une lettre m'annonçant qu'il quittait Rome, où il avait passé quelque temps, et me priait de l'attendre à Paris. A son arrivée il me parla de la nécessité de fonder un collège à Beyrouth et de l'impossibilité d'achever cette entreprise sans le secours des chrétiens d'Europe. La Propagation de la Foi et l'Œuvre des écoles d'Orient ne pouvant nous venir en aide, tant leurs charges sont grandes, je reçus ordre de faire appel à la charité française. Une lettre confirma ma mission et me servit d'autorisation.

Mgr l'archevêque de Beyrouth venait de recevoir à Paris la visite de M. Sens, député du Pas-de-Calais, qu'il avait eu l'honneur de connaître au Liban ; heureuse et flattée de cette amicale démarche, Sa Grandeur se décida a y répondre avant son départ en acceptant l'invitation qui lui avait été faite d'aller voir Arras et de s'y reposer quelques jours. Nous partîmes, Monseigneur, son médecin et moi. Arrivés à Amiens, nous fîmes halte pour saluer l'évêque de ce diocèse, mais il était absent.

M. Sens, un bon ami des Orientaux, attendait Sa Grandeur à la gare. A notre arrivée il voulut bien mettre à la disposition de l'Archevêque sa maison, son personnel, ses chevaux et ses voitures.

Nous restâmes trois jours à Arras.

Il fallut enfin prendre congé du digne ami qui avait su, par une splendide et affectueuse réception, faire contracter à Sa Grandeur une dette de gratitude.

Nous partîmes de là pour Cambrai ; mais ayant appris que Son Éminence le cardinal Regnier se trouvait à Douai, Sa Grandeur Mgr Debs voulut y aller pour lui présenter ses hommages.

Une retraite d'institutrices laïques finissait ce même jour. Mgr Debs, prié de bénir ces modestes collaboratrices de l'enseignement et de leur faire une allocution, ne put se refuser à cette aimable invitation.

Nous allâmes jusqu'à Valenciennes où nous fûmes accueillis au collège de Notre-Dame.

Mgr Debs me quitta là pour prendre la voie de la Belgique et de Vienne, afin de retourner à Beyrouth.

Ce ne fut pas sans émotion que je vis Sa Grandeur retourner dans mon pays, et me laisser seul en France où j'aurais eu un si grand besoin de son appui. Mais mon devoir ne me permettait pas de m'arrêter à mon désir de retourner au Liban, désir que je sentais se réveiller en moi; je fis taire mon cœur de Maronite et commençai ma mission dans cette ville.

Mes efforts y furent couronnés de succès comme dans tous les pays que j'ai parcourus; le produit des quêtes fut envoyé à Mgr l'archevêque de Beyrouth, qui peu de jours après remercia les bienfaiteurs par une lettre qui fut insérée dans l'*Univers* et les autres journaux catholiques.

CHAPITRE III

Discours au Comité catholique.

Après avoir parcouru quelques villes du Nord et du Pas-de-Calais, je revins à Paris.

Je fus invité à parler de l'Orient devant l'Assemblée générale du Comité catholique. La parole me fut donnée par M. de Belcastel; le lendemain, je fus prié par le président des commissions du Comité de leur faire connaître la mission dont j'étais chargé par Mgr Debs.

Ces Messieurs s'informèrent avec intérêt de l'œuvre des Maronites fondée en France en 1848. Je ne savais pas qu'elle existât à Paris et elle n'avait conservé un peu de sa primitive organisation qu'à Douai.

Ayant discuté et délibéré, ces Messieurs crurent devoir faire cesser les quêtes particulières parce que, dirent-ils, nous voulons reconstituer une œuvre que nous avons fondée pour le soutien des Libanais, et nous désirons que vous nous veniez en aide pour sa formation.

Une première réunion eut lieu à Saint-Sulpice, le vice-président de la commission de l'Orient manifesta à la pieuse assemblée le désir du Comité catholique de reconstituer l'œuvre des Maronites. Cette proposition fut accueillie avec joie, et suivant l'impulsion de leur généreux dévouement, les dames se constituèrent en société. Une présidente, une trésorière, une secrétaire furent nommées. M. l'abbé Ancessi, chapelain de Sainte-Geneviève, fut chargé d'être le directeur spirituel de l'œuvre. La mort est venue trop tôt moissonner dans les rangs d'un clergé d'élite ce sujet de choix; les talents et les vertus de ce jeune prêtre lui ont acquis l'admiration et les regrets de tous.

Les hommes suivirent ce louable empressement, et, peu de jours après s'être constitués en comité, ils prièrent M. Poujoulat d'accepter la présidence. Ses écrits sur la Terre-Sainte et le Liban semblaient le désigner pour cette lourde tâche. Il accepta volontiers, son dévouement ne lui laissant pas ignorer le besoin de cette œuvre. En son nom et au nom du comité, il écrivit au Patriarche pour le prier d'y donner son consentement. Sa Béatitude ne pouvait refuser sa bénédiction à tant de dévouement, et pourtant elle n'eût pas accédé à ce désir, si la demande n'eût pas été formulée en des termes aussi délicats et signée de noms aussi illustres. Le motif de son refus eût été un sentiment de discrétion à l'égard des Français dont elle demande avant tout la protection.

Je reçus ordre de cesser les quêtes, je ne devais plus avoir recours à la charité des fidèles que pour les besoins les plus pressants des séminaires dont l'organisation était déjà commencée.

Pie IX, sollicité de donner sa bénédiction aux deux comités, daigna l'accorder. L'œuvre de Saint-Louis était fondée.

Dans le cours des pérégrinations que j'allais entreprendre, je dus plusieurs fois revenir à Paris, j'eus la joie de remarquer que notre entreprise n'y périclitait point. Aux conférences de Saint-Vincent de Paul, à leur réunion générale, je fis connaître devant eux les besoins des Libanais et j'émus, en faveur des Maronites, les cœurs de ces champions de la foi toujours prêts pour le bien.

L'année suivante, à l'époque de la réunion du Comité catholique, je fus invité par les dignitaires de cette assemblée à parler du Liban; la parole me fut donnée par M. Chesnelong ; le compte rendu de la séance a bien voulu reproduire mon allocution, en voici le résumé :

« Monseigneur, Messieurs,

« Une fois déjà, j'ai eu l'honneur de prendre la parole au milieu de vous, mais instruit de mon inexpérience et du peu d'habileté que je puis mettre à parler votre langue, je voulais décliner l'honneur qui m'est fait aujourd'hui. Heureux d'écouter et de m'instruire au milieu de vous sur les œuvres sans nombre que la charité française fait naître à chaque heure sous ses pas, je ne songeais point que j'aurais à parler devant une aussi belle assemblée.

« Vous m'avez demandé d'élever la voix ; je le fais sans crainte en présence du vénéré prélat que vous avez appelé à vous présider ; je me sens également rassuré en songeant que je suis un prêtre, un prêtre d'Orient et que je parle un peu arabe, mais je sais que je suis compris par le vaillant sénateur qui vous préside et que j'ai l'honneur d'appeler mon ami, car c'est le premier personnage que j'ai eu le bonheur de connaître en posant le pied sur le sol de France. Il pourra mieux que moi vous exposer les sentiments qui m'agitent, et vous dire tout ce qu'il y a d'affection, d'amour chez les Maronites envers les Français.

« Je vous ai parlé, l'année dernière, des relations qui existent entre la nation maronite et la nation française depuis les Croisades jusqu'à nos jours. Ce soir, on m'a autorisé à vous parler d'une œuvre fondée, il y a trente ans, par les Français, amis des traditions glorieuses de la France en Orient.

« Il y a moins d'un an, Messieurs, quelques-uns d'entre vous ont songé à faire renaître sur ce sol toujours fertile de la France l'œuvre des Maronites du Liban. Cette œuvre, fondée en 1847, approuvée par l'illustre pontife qui gouverne l'Église catholique, Pie IX, alors dans la jeunesse d'un Pontificat qui n'a pas de déclin, cette œuvre, dis-je, était tombée en oubli au milieu des commotions politiques qui affligèrent la France quelques années plus tard.

« Relevée de ses cendres en 1876, au mois de juin, sous le patronage de saint Louis, l'œuvre des Maronites qui est avant tout une œuvre de prières, car elle ne demande à l'aumône personnelle que l'obole de 1 fr. 20 par année, soit 0 fr. 10 par mois, l'œuvre de Saint-Louis a retrouvé dans toute la France la sympathie qui l'avait accueillie à ses débuts il y a trente années.

« J'ai été chargé par le comité directeur de l'œuvre d'être le missionnaire du Liban, à travers les diocèses de France, et partout, à Lille, à Rouen, à Beauvais, à Amiens, à Soissons, à Limoges, à Bordeaux, etc., j'ai rencontré l'accueil le plus bienveillant, l'initiative et le concours les plus empressés.

« Je vous devais cette confidence, Messieurs, pour vous remercier d'abord, et ensuite pour vous montrer à vous-mêmes quelle est la vitalité des institutions que vous savez prendre sous votre patronage.

« Mais vous me demanderez peut-être par quels moyens j'ai su intéresser les catholiques de vos diocèses au-devant desquels je me présentais, seul, appuyé seulement sur la foi que j'ai dans le succès final de votre grande entreprise, et soutenu par la bienveillance paternelle des archevêques et évêques de France.

« Mes moyens d'action, Messieurs, sont bien simples. J'ai dit ce que je sais de l'Orient, et la vérité sur notre pays, sur le zèle infatigable des archevêques maronites et du vénérable Patriarche qui est à leur tête. C'est le plus éloquent des plaidoyers.

« J'ai dit quelle était la charité de Mgr l'évêque de Sidon qui, sans ressources, au milieu d'une population misérable, brisa jusqu'au dernier insigne de son autorité pastorale, sa crosse d'argent, afin d'alléger la pauvreté de ses diocésains dans un moment de crise et de famine.

« J'ai dit la persévérance de l'archevêque de Chypre, qui, au bout de trente années d'efforts, n'a pu encore parvenir à fonder son petit séminaire qui n'a pas d'élèves ecclésiastiques et que son dévouement sur ce point ne met pas à l'abri des tortures d'un autre genre; car, pendant les famines périodiques qui désolent l'île de Chypre, le prélat est demeuré trois jours sans prendre de nourriture, faisant porter aux plus pauvres les rares aliments que l'on s'efforçait en vain de lui faire prendre.

« J'ai dit la haute science de l'archevêque de Damas qui ne perçoit dans tout son diocèse qu'un revenu annuel de 1,000 francs et qui en abandonne la moitié aux pauvres.

« J'ai dit l'audace heureuse de l'archevêque de Baalbeck qui, au mépris de toute prudence humaine, est allé planter la croix de Jésus-Christ dans le centre le plus fanatique de son diocèse et est parvenu à construire une chapelle catholique munie d'un clocher, et où la cloche de l'église rallie les chrétiens à la prière.

« J'ai dit le trépas méritoire de l'archevêque de Tripoli, mort à la peine après avoir inutilement cherché à ouvrir un petit séminaire dans son vaste diocèse.

« Plus heureux, Mgr Debs, archevêque de Beyrouth, dont je suis le représentant, a pu fonder un collège où se trouvent actuellement 170 jeunes gens. Un certain nombre se destinent au sacerdoce. Mais à côté d'eux, des Grecs schismatiques et des Musulmans reçoivent le pain de la science des mains du prélat, qui parcourait cette capitale il y a trois ans.

« A la tête des prélats que je viens de nommer est le patriarche dont la science, la sagesse et la prudence élevée sont attestées par le choix qu'il a su faire des archevêques maronites placés par lui à la tête des diocèses. C'est au patriarche que revient l'honneur d'avoir su placer les intérêts toujours en péril des catholiques d'Orient entre les mains des archevêques de Sidon, de Damas, de Baalbeck dont je ne puis vous entretenir aussi longuement que le réclamerait leur zèle apostolique.

« Lorsque le patriarche a dû prendre le gouvernement suprême des chrétiens du Liban, deux petits séminaires seulement étaient ouverts ; il n'existait pas de collège ni de grand séminaire, cela faisait donc un chiffre dérisoire de seize élèves chrétiens pour les huit diocèses du Liban.

« Comment espérer dans de telles conditions tenir tête à la propagande protestante ?

« L'effort du Patriarche est de doter chaque archidiocèse d'un petit séminaire et la chrétienté du Liban d'un grand séminaire central. Nous y arriverons grâce à vos prières. Pour les Maronites, trop reconnaissants envers la France pour le passé, ils ne veulent pas grever le budget de la charité. C'est pour cela qu'ils ont fixé l'aumône volontaire, qu'un grand nombre d'entre vous ont voulu s'imposer en leur faveur, à la somme de 1 fr. 20 par an ; soit 0 fr. 10 par mois.

« C'est l'un de vous, Messieurs, qui a bien voulu accepter la tâche délicate de prendre le comité des Maronites en France. Chrétien fervent, zélé défenseur de l'Église, homme éminent par les dons de l'esprit et par le caractère, ses voyages, ses écrits sur le Liban connus de tous les catholiques désignaient M. Poujoulat au poste de dévouement que souhaitaient de lui confier les chrétiens d'Orient. M. Poujoulat s'est fait le guide courageux de tous ceux qui dans votre beau pays de France s'intéressent aux fatigues des évêques orientaux.

« C'est votre président, Messieurs, qui l'an dernier prit l'initiative de demander au Patriarche quil eût pour agréable la reconstitution en France de l'œuvre de Saint-Louis, et le Patriarche ne put s'y refuser. Avec vous, Messieurs, on n'a même pas besoin d'exposer le péril où se trouve la croix de Jésus-Christ sur quelque point du globe : vous avez comme un pressentiment durable des douleurs de l'Église, une divination toute chrétienne est votre vertu préférée. Vous vous plaisez à découvrir quiconque souffre et languit au nom du Christ afin de soigner ses plaies.

« J'ai fini, Messieurs, mais permettez-moi de vous rappeler la parole d'un grand pape sur les catholiques dont je suis le représentant. « Les Maronites, a dit un pontife, sont les

« Macchabées de la nouvelle alliance. » Nous acceptons ce glorieux rapprochement, nous nous sentons fiers d'un tel nom. Vous vous souvenez, Messieurs, que les Macchabées, étroitement unis avec les Romains, envoyaient à Rome un messager toutes les fois qu'ils se sentaient menacés, et toujours l'envoyé des Macchabées se vit chaleureusement accueilli par le Sénat, par Rome et par les provinces. Messieurs, les vrais Romains ne sont plus à Rome, ils sont ici ; les vrais Romains ne peuvent être ceux qui retiennent captif l'immortel et glorieux Pie IX ; mais ceux qui le défendent, ceux qui le visitent dans sa prison, ceux qui lui portent le denier de l'aumône. Ceux-là Messieurs, vous les connaissez, c'est vous-mêmes.

« Et cette assemblée magnifique que préoccupent les hautes destinées de l'Église, ne fait-elle pas songer au Sénat devant lequel le messager des Macchabées trouvait un constant appui ? Rome et les provinces ne sont pas moins propices qu'elles ne l'étaient autrefois à l'humble envoyé des Macchabées. Votre assemblée, Paris, la France toute entière se montrent empressés à fortifier l'œuvre de Saint-Louis, à secourir les chrétiens du Liban. Je remercie votre assemblée, Paris et la France de tant de sollicitude, et je vous demande, au nom des Maronites, de rendre plus étroits encore, s'il est possible, les liens qui vous unissent à nous ; car ce ne sont pas des armes que demandent la métropole des Macchabées de la nouvelle alliance, mais des prières. »

CHAPITRE IV

Deuxième voyage. — Amiens, Rouen, le Havre, Bayeux.

Recommandé par Mgr Debs à l'évêque d'Amiens, je dirigeai mes pas vers cette ville ; un bienveillant accueil m'y attendait. Cet éminent prélat, se souvenant que lorsqu'il était curé à Douai, cette œuvre était établie dans sa paroisse vit sa réorganisation avec plaisir et lui accorda son bienveillant appui.

Le dimanche qui suivit mon arrivée, je fis connaître ma mission dans trois églises ; les Dames se réunirent chez M. le Curé de Saint-Etienne, je leur exposai le but de l'œuvre, elle fut comprise et organisée.

Les journaux catholiques en plusieurs circonstances, et dans quelques bons articles, ont fait connaître à cette occasion l'amour de la Picardie pour le Liban. Qui a oublié, en effet, un des plus beaux titres de gloire de cette province? Un de ses enfants, Pierre l'Ermite, a été le promoteur de la délivrance des Saints Lieux en prêchant la première Croisade. Ce fut à sa voix que la France enthousiasmée porta ses armes en Orient après avoir reçu la bénédiction d'Urbain II.

J'avais reçu l'hospitalité au grand Séminaire dirigé par les RR. PP. Lazaristes qui me témoignèrent toutes leurs sympathies pour les Maronites, et je reçus de M. Duven, frère du provincial de la congrégation, les témoignages d'une amitié toute particulière.

Mme Ducrot ayant accepté le titre de zélatrice de la nouvelle association, j'ai été heureux de remercier le frère du général de l'affection qu'il a gardée à ma nation, qu'il connut lors de l'expédition de Syrie en 1860. Cette famille, encore sous le coup d'une grande douleur, daigna m'en faire part comme à un ami. Un fils unique, dans la fleur de l'âge, avait succombé aux fatigues de la défense de la patrie pendant la funeste guerre de 1870 ; il était mort sous les murs de Paris. Le récit des circonstances navrantes de cette mort et la douleur de M. et de Mme Ducrot me laissèrent profondément attristé. Qu'ils veuillent bien recevoir ici l'assurance de la part que je pris à leur malheur et des prières que je fis, pour que Dieu daigne les consoler.

Amiens possède un des plus beaux chefs-d'œuvre de l'architecture gothique ; le chef de saint Jean Baptiste est conservé dans cette cathédrale, et j'eus l'honneur de recevoir en souvenir de ma visite deux linges qui enveloppèrent pendant près de cent ans cette tête qui tomba par l'ordre d'Herodiade et d'Hérode. D'Amiens, j'allai à Rouen, mais l'époque était peu favorable à l'entière réussite de ma mission. Toutes les grandes et riches familles avaient quitté la ville pour respirer l'air frais et les senteurs embaumées des villas. Je dus me contenter de visiter les communautés religieuses : les Ursulines, les Visitandines, les Dames de la Miséricorde ; partout je fus reçu de la manière la plus touchante. Je leur fis une allocution sur le mouvement religieux en Orient ; j'eus l'honneur d'être présenté par M. de Beaudicourt à Son Eminence, et de faire la connaissance d'un des plus illustres membres de l'Episcopat français. Je fis aussi celle de M. le chanoine Robert, président du comité catholique, prêtre dont le dévouement est encore rehaussé par un profond savoir.

Appelé ailleurs par les besoins de l'œuvre, je n'ai vu Rouen et ses richesses que superficiellement : cette ville possède des monuments que j'eusse été heureux d'étudier ; mais le touriste devait s'effacer devant le missionnaire, et j'ai dû me contenter du sanctuaire de Bon-Secours, qu'aucun voyageur n'oublie. « Je suis allé m'agenouiller devant la Vierge protectrice des affligés. »

Située sur une des collines qui environnent Rouen, une église, la plus belle qu'ait vu construire le XIXe siècle, consacre à Marie cette bonne ville et chante devant l'univers entier un hymne de reconnaissance et de gloire aux fidèles qui par leur obole ont aidé au généreux prêtre qui eut l'idée de faire rebâtir le temple dédié à la Vierge protectrice du matelot.

Je cédai donc sans trop de résistance à l'invitation de M. le curé de donner ma soirée à la Vierge de Bon Secours. A peine le crépuscule commençait-il à voiler l'horizon, que du haut de la colline se déroulait à mes regards un magnifique panorama. La Seine, à nos pieds, promenait ses eaux tranquilles, dans lesquelles se mirait encore une nature luxuriante et boisée : le soleil inondait l'espace de ses derniers rayons, et la lune lui succédant bientôt apparut modeste et radieuse, dans un ciel sans nuages où brillaient des milliers d'étoiles scintillantes.

Je crus voir apparaître l'Orient avec ses splendeurs ; mon âme émue salua les amis d'outre-mer qui me reverront bientôt, et mon cœur, devançant ce jour, me fit revoir ma famille et mes compatriotes. Je pleurai, car le rêve avait pris dans mon âme toute la force d'une réalité ; mes larmes coulaient abondantes et heureuses, en pensant à cette fraternité de deux peuples que cimentera peut-être bientôt un lien que rien ne pourra briser.

Je quittai Rouen pour le Havre, qui ne m'était pas inconnu, ayant eu occasion à mon premier voyage, d'admirer son esprit de foi, et la cordialité de ses habitants. J'allais y retrouver d'excellentes relations, et j'en étais heureux.

Mme Masquelier, dont je n'ai pas à faire connaître ici la charité et le dévouement, accepta la présidence de l'œuvre, qui fut accueillie des dames pieuses réunies à l'invitation de M. Roussel, avocat, président des conférences de saint Vincent de Paul.

M. Masquelier réunit à l'occasion du missionnaire libanais, M. le Curé de la paroisse, de nombreux amis et quelques membres de sa famille que je fus heureux de revoir.

Combien je fus sensible à ces témoignages d'une politesse toute française que les charmes d'une causerie spirituelle rendaient doublement agréable.

Le Liban et ses mœurs encore primitifs en furent le principal objet; j'étais heureux de satisfaire à toutes les questions que suggéraient l'intérêt et une curiosité bien légitime et bien sympathique.

Bayeux, dans mon itinéraire, venant après

le Havre, j'y allai ensuite et me présentai à l'évêque pour le prier de m'accorder l'autorisation de parcourir son diocèse pour la double mission dont j'étais chargé : faire une quête pour les collèges de Beyrouth et fonder l'œuvre des Maronites, dont une lettre de M. de Beaudicourt lui avait annoncé la reconstitution. Sa Grandeur daigna accéder à ma demande. Je commençai à faire connaître l'œuvre à Caen où je rencontrai une sympathie générale. Cependant une difficulté surgit. Monseigneur, à qui je rendis compte de la réception et qui m'en félicita, prévenu, contre la légalité de ma mission, par une personne dont le nom m'est inconnu, me retira la permission qu'il m'avait donnée. Je rentrai à Paris, et informai la nonciature des entraves que j'avais rencontrées ; le cardinal préfet de la Propagande, en ce moment à Paris, en fut instruit, et entra en correspondance, à ce sujet, avec l'archevêque de Beyrouth. Je pus alors continuer mes voyages.

CHAPITRE V

Troisième voyage. — Beauvais, Soissons, Saint-Quentin, Lille, Cambrai.

Je passai dans les diocèses de Beauvais et de Soissons. Dans le premier de ces diocèses, je vis Compiègne, Noyon, Sainte-Maxence, Creil et Senlis; dans le second, Soissons, Laon, Chauny et Saint-Quentin ; partout, le clergé me fit le meilleur accueil, et me laissa bien volontiers faire connaître l'Œuvre.

Je ne l'y organisai pas, ces diocèses étant près de Paris ; je laissai à messieurs les fondateurs, le soin de le faire en temps opportun. Je visitai rapidement les pensionnats du Sacré-Cœur, de Saint-Joseph de Cluny, des Sœurs de la Croix, des Pères Maristes et des Écoles chrétiennes, et partout je fus très heureux des dispositions favorables au Liban qui m'y furent montrées.

Je remarquai surtout le collège de Saint-Vincent de Senlis, qui, sous la direction des RR. PP. Maristes, donne aux élèves une éducation distinguée, d'une piété aimable et sérieuse. Ces jeunes gens m'écrivirent après mon départ deux lettres que je voudrais reproduire ici, si le cadre de cet ouvrage n'était aussi restreint. Elles sont conçues en termes si nobles, si affectueux pour la Terre-Sainte, que mon cœur de prêtre et de Maronite en fut vivement ému.

A Saint-Quentin, je reçus de M. le Président du comité catholique de Lille, l'invitation d'assister à une de ses assemblées. J'acceptai avec empressement, heureux de revoir ce pays que j'avais connu si attaché à ses principes catholiques et si prospère par son industrie.

Je suivis les séances de l'assemblée avec M. de Beaudicourt, qui avait été invité en sa qualité de vice-président de la commission de l'Orient du comité catholique de Paris.

Ce ne fut pas sans émotion que je connus cette œuvre dont l'attention et la sollicitude embrasse toutes les misères pour les soulager. C'est l'ouvrier qui tout le premier est l'objet de la sollicitude du comité. Il est utile de former le cœur de ces classes à l'enseignement religieux : c'est leur développer l'intelligence, les aider dans les épreuves de la vie et les rendre heureuses. Mais comme avec le besoin de l'âme le corps réclame aussi sa subsistance, l'ouvrier de bonne volonté ne doit pas rester sans travail. Il est indispensable de lui ouvrir des ateliers, de lui donner des patrons qui rétribuent avec loyauté son pénible travail. Est-il malade, l'ouvrier devra recevoir gratis les soins, le médecin, les remèdes que réclame sa santé : les sœurs de Saint-Vincent de Paul, les jeunes gens des conférences iront le visiter et lui donner de bons et d'aimables conseils. Les enfants n'échapperont pas à ces pieuses tendresses : on les instruira, on les mettra en apprentissage, et, sous la direction de maîtres et de patrons qui leur donneront l'amour, la connaissance du travail, ils apprendront aussi que le premier devoir d'un enfant chrétien est d'aimer et de respecter son père et sa mère.

Le soldat viendra aussi prendre sa place parmi ces sollicitudes, on lui donnera, en lui facilitant l'audition de bonnes et salutaires instructions, un peu de cet enseignement qu'il recevait si volontiers au foyer paternel et dans l'église de son village.

On gardera vivant dans son cœur, cet amour qui fait les héros, en lui apprenant qu'après Dieu la passion de son âme doit être la Patrie.

En écoutant Messieurs les orateurs, mon esprit volait vers le Liban, et, comparant le sort de l'ouvrier français à celui de l'ouvrier de nos pays, je fus pris d'une envie que l'on me pardonnera : j'aurais voulu, plus prompt que l'éclair, plus rapide que l'aigle, porter en Orient un peu de cette civilisation chrétienne, soulager nos braves artisans qui végètent dans la plus profonde misère, qui demandent du travail et n'en trouvent pas, qui, tristes et abandonnés dans leurs réduits, croiraient voir leur apparaître des anges, si une sœur de Saint-Vincent de Paul, ou un de ces visiteurs pénétrait jusqu'à eux. Et leurs enfants partagent le même sort, vivent dans le même abandon : pauvres petits qui voudraient savoir et ne trouvent pas de maîtres, qui ne bégayent dans leur innocente tendresse qu'une prière, et elle est pour la France !

Enfin dirai-je encore que j'ai aimé ce bon peuple de Flandre quand je l'ai vu constant dans ses traditions de gloire nationale ? Godefroy de Bouillon et Baudouin y sont vénérés. La Terre-Sainte n'y est pas oubliée. Tout cœur en Flandre vibre et frémit à ces gloires futures d'une délivrance non moins héroïque que celle à laquelle contribuèrent ses aïeux : la délivrance du schisme et de l'ignorance.

Le comité organisa une commission pour s'occuper des chrétiens de la Terre-Sainte et de l'Orient. M. de Beaudicourt rappela l'œuvre des Maronites et sa constitution. Cette œuvre, j'ai eu occasion de le dire, n'était pas inconnue dans le Nord ; une commission fut désignée par le comité à l'effet de protéger toutes les œuvres d'Orient.

De Lille, je vins à Cambrai offrir mes respects à Son Ém. le cardinal Régnier, et lui demander son consentement. Avant d'arriver dans cette ville et d'y respirer le parfum des vertus qu'y répandit Fénelon, l'illustre prélat, dont la mémoire vivra éternellement, j'allai à Couvron pour y voir la marquise de Saint-Chamant, à qui je devais une visite. C'était pour lui témoigner ma gratitude de ce qu'elle avait bien voulu s'occuper de la nation maronite. J'y trouvai un ami, M. de Rougé. La famille de Rougé s'est illustrée pendant les croisades dès le XIIIe siècle; Olivier de Rougé entre autres s'y distingua.

Au XIIe siècle, Odon de Saint-Chamant, d'abord bouteiller du royaume de Jérusalem, devint grand maître du temple en 1172. Étant tombé aux mains des infidèles en 1178, au combat du gué de Jacob, il reçut de Saladin la proposition d'être échangé contre un des musulmans qui étaient dans les prisons de l'ordre ; Odon fit cette héroïque réponse : « Je ne veux point autoriser par mon exemple la lâcheté de ceux de mes religieux qui espéreraient pouvoir être rachetés ! un Templier doit vaincre ou mourir, et ne peut donner pour sa rançon que son poignard ou sa ceinture. »

Odon de Saint-Chamant mourut dans les fers après quelques mois de captivité.

En 1428, Antoine de Saint-Chamant était grand maréchal de l'ordre de Saint-Jean de Jérusalem.

François de Saint-Chamant, de l'ordre de Malte, fut fait prisonnier à la bataille de Baab, contre les Turcs. Enfermé au château des Sept-Tours, il fit vœu de porter ses fers à Roc-Amâdour s'il était délivré. Il le fut et accomplit fidèlement son vœu.

CHAPITRE VI

Quatrième voyage. — Bordeaux, Limoges, Poitiers et Niort.

J'allai ensuite à Bordeaux. J'eus l'honneur de me présenter à Son Eminence le cardinal Donnet, qui m'accueillit avec une bonté digne et simple. Je fus confié au supérieur du grand séminaire, que j'avais connu à Paris, et dont j'avais apprécié tout le mérite en assistant à un de ses cours de théologie à Saint-Sulpice.

Je tiens, lui dit le cardinal, en me présentant à lui, *à ce que vous l'aidiez à réussir dans son entreprise*. M. le président du Comité catholique de Bordeaux avait aussi reçu des lettres pour m'aider à la formation de l'œuvre. Comme il était malade alors, il donna cette tâche au jeune et excellent M. de Montcheuil, secrétaire du comité catholique. Ce dernier prit l'œuvre des Maronites à cœur ; au nom du comité catholique, toutes les personnes charitables et pieuses se réunirent ; Mlle de Bello (1), qui a dû à sa charité d'être appelée la mère des malheureux, nous aida de son généreux concours, et l'œuvre fut organisée.

M. de Montcheuil m'a fait l'honneur de me présenter à la famille de Graterolles, dont le fils, après avoir visité Jérusalem et le Liban, en est devenu l'apôtre.

M. et Mme de Graterolles, qui me firent la plus aimable réception, descendent de l'illustre de Sèze, défenseur de Louis XVI.

Est-il utile de rappeler M. de Sèze : son éloquence quand, à la barre du tribunal régicide, emporté par la force du droit, il laissa échapper de son cœur ce cri de sublime indignation : « Citoyens je cherche parmi vous des juges et je n'y vois que des accusateurs ; » son dévouement, quand, à minuit, on était venu lui proposer cette défense que M. Target avait refusée, il avait répondu : « Je regarde l'arrêté du conseil comme un acte de proscription pour les défenseurs du roi, et je m'y voue de tout mon cœur. » Les sanglots qui soulevèrent sa poitrine, quand le roi lui donna pour toute récompense de son dévouement un baiser. Il serait trop long de dire toute la vie de cette

(1) Mlle de Bello est cousine de Mgr de Ségur, mon père et directeur spirituel depuis mon arrivée en France.

illustration du barreau français dont le nom est acquis à l'histoire, et qui l'a transmis à la postérité comme la personnification de l'honneur et de l'héroïsme.

M. de Sèze fut plongé dans les cachots ; il y garda la sérénité de son âme, et se consola en commentant ce chapitre de Montaigne : *Philosopher c'est apprendre à mourir.*

La journée du 9 Thermidor vint affranchir la France ; peu de temps après, M. de Sèze recouvra sa liberté. Rentré dans le sein de sa famille, il s'adonna à son goût pour la littérature et reprit ensuite les travaux de sa profession. Louis XVIII donna à M. de Sèze, avec le titre de comte, l'autorisation de placer dans ses armes des fleurs de lis sans nombre, et une tour figurant la tour du Temple, avec ces mots autour de l'écusson : *26 Décembre 1792.* Jadis nos rois accordaient des fleurs de lis aux chevaliers pour de hauts faits d'armes ; Louis XVIII jugea M. de Sèze digne de cette marque de distinction. Une des gloires de cet illustre avocat est d'avoir son nom inscrit dans le testament de Louis XVI. Ce titre ne périra point, et personne n'en contestera la noblesse.

Les cendres de cet illustre Français reposent à la Madeleine. C'est le plus grand honneur qu'on pouvait lui rendre, puisqu'elles remplacent, pour ainsi dire, dans ce lieu les cendres du roi martyr.

Les dames du Sacré-Cœur à Bordeaux, comme partout où j'eus l'avantage de les voir, se montrèrent obligeantes et dévouées aux Maronites. Dans deux allocutions, une aux élèves, l'autre aux dames enrôlées sous la bannière des Enfants de Marie, je laissai parler mon cœur du Liban et de tout ce qui doit y intéresser les personnes pieuses.

Pendant mon séjour à Bordeaux, une réunion du cercle catholique eut lieu sous la présidence de son fondateur, M. de Montesquieu. M. de Graterolles, le jeune voyageur de Terre-Sainte, devait y lire les impressions de son voyage en ces pays lointains ; j'eus l'honneur d'y être invité.

On comprendra si je fus émotionné aux accents sympathiques de l'éloquent écrivain, l'entendant pleurer cette prospérité perdue, ces richesses improductives, plaindre les souffrances et admirer le courage des peuples catholiques, constater l'ignorance et l'anarchie de ceux qui sont livrés à l'erreur, gémir enfin sur les misères de tous.

Je vis presque toutes les communautés religieuses de Bordeaux, j'y ai remarqué une sincère affection pour les Maronites.

Je quittai cette ville où je laissais tant d'amis

dévoués à mon pays. On m'avait dit : — N'allez pas à Limoges, ce pays a perdu sa foi, il y a peu de chrétiens fervents, vous n'y serez pas reçu ! Pourtant une impulsion secrète m'y pousse, je ne résiste pas.

J'avais des lettres pour Mgr Dequesnay et M. d'Hérald, président des conférences de Saint-Vincent de Paul.

Ayant demandé l'hospitalité au grand séminaire, je me présentai à Sa Grandeur, qui, avec sa bonté ordinaire, me permit de former l'association dans son diocèse.

M. d'Hérald déjà prévenu de ma visite, voulut bien me donner les témoignages d'une amitié sincère et s'intéresser beaucoup à l'œuvre. Il daigna me présenter lui-même aux curés des paroisses de Limoges et à toutes les personnes occupées à faire le bien.

A son invitation, cinq cents personnes se réunirent chez les sœurs de charité, sous la présidence de M. le curé de Saint-Pierre. Dire que le résultat de ma visite dépassa mes prévisions est inutile ; depuis, cette population n'a pas démenti un instant le zèle et la piété qu'elle m'avait montrés.

Je remerciai Dieu de ce succès, et l'Évêque Mgr Dequesnay m'en exprima tout son contentement par ces paroles : « Je bénis la Providence de tout ce que vous avez fait dans mon diocèse, évangélisé par votre compatriote saint Martial (saint Martial est né à Jérusalem).

Dès son enfance, M. d'Hérald apprit à aimer la sainte Église, et lui promit de la servir toujours en vaillant défenseur ; il n'a point failli à sa foi ; l'âge n'a refroidi ni son zèle, ni son activité ; aussi est-il allé visiter la Terre-Sainte et prier au Tombeau du Sauveur ; il en est revenu animé d'une sainte ardeur et a bien voulu, dans une séance générale du comité catholique de Limoges, faire une relation de son voyage. J'aurais été bien privé, si je n'eusse été invité à cette réunion : M. d'Hérald eut la bonté de ne pas m'imposer cette douleur.

C'est en termes chaleureux et pénétrants que le noble voyageur apprit à son auditoire tout ce qu'il avait vu en Orient. Il aime la Terre-Sainte ; Les Saints-Lieux ont été pour son âme sensible aux impressions de la foi, la source des plus suaves entraînements.

Je le remerciai de cet amour pour ma patrie ; je me sentais fier d'être né sur cette terre, théâtre des plus grands faits de l'histoire du monde : sa création, sa rédemption par l'Incarnation, la mort d'un Dieu fait homme.

Le lendemain je dis ma messe à l'église Saint-Pierre pour la prospérité des habitants de Limoges, heureux d'être venu en cette ville où mon cœur de prêtre devait boire abondamment à la coupe des consolations de la foi.

C'est dans ce diocèse et sous le patronage de Mgr Dequesnay, que s'est formé l'institut des religieuses franciscaines dont le but est le soutien des prêtres pauvres et infirmes et le service de l'autel.

J'ai admiré l'ordre, le recueillement, l'esprit d'union qui caractérisent la communauté des Sœurs franciscaines du Dorat.

Après avoir fait une visite aux ecclésiastiques de ce pays, j'allai chez les Carmélites. Le mot de *Carmélite* vient de *Carmeli*; or, le mont Carmel étant au Liban, une secrète et sympathique attraction y attirait mon cœur; ces excellentes religieuses voulurent me donner cent francs, pour les besoins des chrétiens de la ville épiscopale de leur digne supérieur Mgr Gay évêque *in partibus*. Je les acceptai avec l'espérance de trouver encore en ces pays hérétiques quelques croyants à la vraie foi; sinon ce don sera consacré à une œuvre de charité quelconque dont il leur sera donné avis.

De Limoges je vins à Poitiers. J'y arrivai aux jours de désolation et de regrets pour le digne évêque : sa mère venait de mourir. Cette pieuse mère n'avait jamais quitté son fils quand la mort les a séparés; je crus indiscret de troubler cette douleur, je ne voulus pas me présenter : je me contentai de lui faire remettre mes lettres de recommandation ; il daigna ne pas me refuser son consentement à la fondation de l'œuvre dans son diocèse.

J'élus mon domicile chez les RR. PP. Oblats, prêtres missionnaires diocésains.

Le curé de Saint-Porchair, M l'abbé de Montpront, président d'honneur du comité catholique, me donna sa protection. Je fis connaître l'œuvre du haut de la chaire des églises de Saint-Porchair et de Saint-Hilaire. Une quête fut faite pour le collège de Beyrouth, et le produit, envoyé à l'œuvre des écoles d'Orient, qui se chargea de le faire parvenir à Mgr Debs.

L'association se forma avec l'aide de M. le baron de Persay, président du comité catholique de Poitiers dans une réunion au presbytère.

Les Dames du Sacré-Cœur ne me refusèrent point non plus leur bienveillant concours.

J'eus aussi l'avantage, grâce à M. le curé de Montpront, de faire la connaissance de quelques familles, entre autres M. le comte de Montpront, M. de Touchambert, la famille Merveilleux du Vignaux et M. le baron de Persay.

J'ai acquis l'intime conviction à Poitiers comme dans les villes que j'ai parcourues, que la France a gardé le premier rang pour l'hospitalité bienveillante et généreuse.

De Poitiers à Niort, l'itinéraire était tout

tracé. Les Dames se réunirent au monastère du Sacré-Cœur, et M. l'Archiprêtre, qui a fait le voyage de Jérusalem et du Liban, prit lui-même la parole; il fit connaître l'utilité de l'œuvre et la nécessité de sa formation; toutes y adhérèrent avec empressement.

J'ai reçu le même accueil à Montmorillon, grâce au concours de M. l'Archiprêtre et de M. de Mussac.

CHAPITRE VII

Rome.

L'aiguille venait de marquer au cadran des siècles la 50e année de l'Épiscopat du pape régnant, le monde catholique en célébrait l'anniversaire et se pressait aux pieds de ce grand pontife.

Je ne connaissais pas la Ville éternelle, et mon désir de voir Pie IX n'avait d'égal que mon amour d'enfant soumis à l'Église.

J'étais à Paris ; je demandai à un de mes amis de faire partie d'une des caravanes qui partaient pour Rome ; je fus compté au nombre des voyageurs, et nous partîmes. Après avoir traversé le tunnel du Mont Cenis, nous nous arrêtâmes à Turin, Milan, Bologne, Plaisance et Florence ; bientôt nous aperçûmes la coupole de Saint-Pierre ; tous les cœurs furent émus délicieusement ; nous nous mîmes à genoux, et priâmes Dieu pour le vicaire de Jésus-Christ qui dirigeait si vaillamment la barque du pêcheur et rappelait au monde par le courage de sa foi et la force de sa volonté, cette parole du Sauveur : « Je suis avec vous jusqu'à la consommation des siècles, et les portes de l'enfer ne prévaudront point contre vous. (MATH, XXVIII, 20, et XVI, 18). »

J'éprouvais une impression à peu près semblable à celle que tout cœur chrétien ressent au tombeau du Christ ; la vérité me saisit par les attraits de sa vertu divine et par toutes les clartés dont elle illumine l'âme.

A ce moment, que m'apprendrait celui qui me dirait que Jésus-Christ n'a pas existé, que son vicaire n'est qu'une rêverie de théologien, sinon qu'il n'est qu'un pauvre insensé ! *Credo*.

Je me rendis aussitôt au collège maronite ; j'y fus reçu avec beaucoup d'affection par Mgr Ambroise, archevêque et procureur de notre nation. C'était le lendemain seulement que je devais voir Pie IX.

J'allai à la salle des réceptions, déjà la foule s'y pressait ; je ne pus arriver près du Trône pour voir le visage toujours souriant et gracieux du Pontife ; seule sa voix suave et inspirée se faisait entendre : elle pénétrait tous les cœurs d'une si douce émotion que les yeux étaient pleins de larmes.

Je n'étais pourtant heureux qu'à demi, je voulais plus encore ; voir le Pape, baiser ses mains et ses pieds, recevoir une de ses paroles, qui me semblaient prophétiques, était mon premier désir. Mgr Ambroise voulut bien m'aider à le satisfaire : le lendemain il me conduisit à la porte de l'appartement du Saint-Père, alors qu'il en sortait pour bénir la foule. J'eus les prémices de cette bénédiction, et pendant quatre jours je vis se renouveler pour moi la même faveur; je la recueillis pour en partager les avantages avec mes amis et ma nation.

Mgr Ambroise m'a fait l'honneur de me présenter à S. Ém. le cardinal Franchi, préfet de la Popagande, et à Mgr Rampola, secrétaire du rit oriental.

J'ai visité tous les monuments de Rome ; l'esquisse qu'en a faite Mgr Gerbet est trop achevée pour que j'essaye d'y ajouter quelques traits ; mes impressions ne pouvaient être plus délicates et mes observations plus fines que celles qu'il a consignées dans son livre.

Je restai deux mois à Rome ; j'y respirai à pleins poumons cette atmosphère scientifique et chrétienne qu'à déjà fait connaître Mgr Gaume dans son précieux ouvrage : *les Trois Rome*.

Quand on quitte Rome, on se sent meilleur.

CHAPITRE VIII

Cinquième voyage. — Orléans, Tours, Nantes, Sainte-Anne d'Auray.

Muni de lettres de recommandation, je me présentai à l'illustre évêque d'Orléans, Mgr Dupanloup qui se trouvait à sa campagne de la Chapelle.

Sa Grandeur daigna me recevoir à sa table, et me parla avec émotion des besoins de l'Orient, Il accorda son consentement à la fondation de l'œuvre des Maronites, et me présenta à M. l'abbé Bougaud, son grand vicaire, *afin de réaliser les désirs des comités de Paris.* Les dames du Sacré-Cœur me prêtèrent aussi leur concours en convoquant les dames pieuses à une réunion pour laquelle elles mirent à notre disposition une salle de leur couvent. M. l'abbé Bougaud voulut bien la présider. Les dames orléanaises acceptèrent l'œuvre avec enthousiasme et s'organisèrent selon les statuts.

Je dus rendre compte à Mgr Dupanloup de l'empressement de ces dames ; il vit avec joie le succès, et voulut bien m'honorer de sa recommandation pour l'archevêque de Tours.

J'ai quitté Orléans avec le regret de n'y point rencontrer Mgr Coullié, coadjuteur, pour le prier de s'unir à toutes les hautes et bienveillantes protections qui venaient de m'être accordées.

A Tours avec le consentement du digne archevêque, l'œuvre s'organisa dans une réunion qui se tint chez les dames Ursulines. Je pus remercier la Providence de rendre ma mission si fructueuse, et la prier de me préparer les cœurs afin de les voir recevoir la semence de la charité que j'étais si fier d'y semer.

On sait que Tours possède le tombeau de Saint-Martin, premier évêque de la Touraine. L'ancienne abbaye de Marmoutier, qu'il a fondée, est occupée aujourd'hui par les dames du Sacré-Cœur ; je fus très bien reçu dans cette communauté, où j'ai été agréablement surpris de trouver la fille de M. de Montalembert.

Mlle de Montalembert a revêtu l'habit religieux et Mme de Montalembert, que j'ai connue à Paris, se souvenant de l'affection de son mari pour l'Orient m'invita à aller la voir.

Je fis ensuite route vers Nantes, convaincu que mon bon ange me préparait les voies. J'avais eu le bonheur de connaître Mgr Fournier à Rome et d'y recevoir sa bénédiction ; je croyais le retrouver dans son diocèse ; mais Dieu l'avait rappelé à lui, alors que fervent apôtre, il fortifiait sa foi au tombeau de saint Pierre.

M. Charnau, président des comités catholiques de Nantes, avait reçu des lettres de Paris qui lui recommandaient l'œuvre de Saint-Louis. Il était à la campagne, j'allai l'y voir. Il me reçut avec la plus grande bienveillance et écrivit à Mgr de Lesbinay en ce moment vicaire général.

Ce vénérable Prélat, qui aime tendrement le Liban, me reçut avec l'affabilité que tous admirent en lui et qui le fait tant chérir de son clergé et de son peuple.

Ayant eu l'honneur d'être invité à une réunion des conférences de Saint-Vincent de Paul, il me fut permis d'y faire connaître l'œuvre qui m'amenait en Bretagne. Le comité adhéra à l'association, et le lendemain, à la parole de Mgr de Lesbinay, elle fut aussi adoptée dans une réunion de Dames ; le bureau se constitua immédiatement après la séance. J'ai quitté cette ville le cœur plein de gratitude pour les bienveillants témoignages d'intérêts donnés à un pauvre Libanais.

Invité par M. le comte de Guébriant à me reposer quelques jours à son château de Kerdaniel, je résolus d'y aller. Je me dirigeai donc vers Vannes, dont n'est pas très éloigné le sanctuaire de Sainte-Anne d'Auray.

Ce sanctuaire très vénéré des Bretons est une fort belle église érigée en Basilique ; elle est construite dans le style Renaissance du XVIe siècle et est due aux offrandes des fidèles de la Bretagne. Mon âme fut sensiblement touchée lorsque je m'agenouillai aux pieds de la patronne de la Bretagne qui voit se presser à ses autels des pèlerins de tous les villages que la dévotion y amène ; c'est un cierge à la main qu'ils entrent en ce sanctuaire toujours fécond en miracles ; ils y prient avec ardeur, se frappent la poitrine et implorent avec larmes les faveurs qu'ils veulent obtenir. J'ai cru retrouver dans ce peuple la naïve et fervente piété de nos populations libanaises ; il est probable que ce furent les croisés de Bretagne qui nous laissèrent leurs usages dans les pratiques religieuses.

Le lendemain j'eus le bonheur de dire ma messe au sanctuaire de sainte Anne ; je la priai de me garder la protection qu'elle me promit, le jour de sa fête, quand, ordonné Diacre, je lui fus confié par l'archevêque, qui me promit toutes les gâteries de cette grand'mère parce que, me dit-il, les grand'mères aiment tendrement leurs petits-enfants.

J'avais été reçu au petit péminaire ; M. le supérieur ayant eu la bonté de m'y retenir, je donnai aux élèves un petit entretien sur les catholiques d'Orient pendant la lecture spirituelle ; j'étais heureux de voir cette jeunesse m'écouter avec calme et respect. On crut que j'étais venu pour quêter ; spontanément on organisa une cueillette de généreuses offrandes, que je dus refuser.

Je quittai le séminaire après avoir exprimé ma gratitude à M. le supérieur et à ses auxiliaires.

Je ne m'éloignai pas de Sainte-Anne d'Auray sans être allé présenter mes hommages à l'évêque du diocèse, qui me promit de s'occuper de l'œuvre au moment opportun.

J'arrive à Quimper, où je suis accueilli chez les bons Pères Jésuites. Je salue en passant l'évêque du diocèse, et, comme zélateurs et zélatrices de l'œuvres des Maronites y sont déjà nommés, je n'ai pas à prolonger mon séjour dans cette ville ; je viens à Brest, où les beautés de la rade me retiennent trois heures.

M. le curé, à qui je me présentai, me fit accompagner par ses deux vicaires, afin de donner un coup d'œil à cette ville maritime, une des plus belles de France.

M. le comte et Mme la comtesse de Guébriant m'ont accordé une bienveillante et gracieuse hospitalité.

La famille des comtes de Guébriant est de la plus antique noblesse de Bretagne ; elle est alliée par Mme la comtesse à celles des ducs de Lorges. Dire ce qu'il y a de noble, de loyal, de généreux, de digne et de simple en cette illustre maison, est impossible ; chaque jour m'y faisait voir de nouvelles vertus.

M. le comte de Guébriand est maire du village, conseiller général du département, il est aussi devenu le père adoptif de ces braves villageois, s'occupe de leurs besoins, de leur instruction et adoucit leurs souffrances autant qu'il est au pouvoir de l'homme.

C'est à ses frais qu'on a fait bâtir une église qui a coûté près de deux cent mille francs ; la chapelle du château qui possède la sainte Réserve, est ouverte aux personnes qui veulent y prier.

Les religieuses qui dirigent l'école des filles, sont aussi rétribuées par le château.

Une distribution de pain est faite tous les jours aux plus pauvres de la commune.

Mme la comtesse de Guébriand a une pharmacie où les malades trouvent gratuitement les remèdes dont ils ont besoin. La visite des malades n'est confiée à personne : c'est M. le comte et Mme la comtesse de Guébriand qui vont eux-mêmes leur prodiguer leurs soins et les assurer de leur paternelle protection.

C'est encore Mme la comtesse de Guébriand qui réunit toutes les jeunes filles du village et des environs pour leur faire le catéchisme de reconnaissance.

De Kerdaniel, je suis allé à Saint-Brieuc où je fus accueilli par M. le comte de la Touche, dont la famille s'est illustrée sous Louis XIV ; deux réunions furent convoquées : une d'hommes et une de dames.

Le clergé voulut bien assister à la première. Je donnai quelques détails sur mon voyage au milieu des Bretons. A celle des dames, je fis connaître l'Œuvre. Tous m'ont témoigné une profonde sympathie pour les Maronites ; il fut convenu que je reviendrais former l'association au mois de décembre, alors que, la villégiature finie, tout le monde serait rentré à la ville. Mais l'homme propose et Dieu dispose. Il en a disposé autrement.

Je ne veux pas m'éloigner de la Bretagne sans parler de ma visite à M. le comte Dahdah, dont j'ai déjà eu à dire le nom.

Parent de celui qui nous accueillit, mon compagnon et moi, à Marseille, M. le comte Rouchaïd Dahdah a acheté une propriété à Dinard, qu'il améliore sans cesse. Dinard a un avenir brillant ; sa position gracieuse sur les bords de l'Océan la lui promet ; l'air salubre qu'on y respire, les verdoyantes collines de Saint-Malo que l'on aperçoit au loin, font de ce site un tableau si ravissant, que le voyageur le moins épris de ces beautés ne peut y être insensible.

Le comte Dahdah a fait construire son château sur un des mamelons les plus élevés ; il jouit de toute l'étendue et de tout le pittoresque de ces incomparables panoramas. De tous les côtés, on y voit l'Océan, on domine ses flots, l'ouragan vient expirer aux pieds du roc sur lequel est la demeure du comte, et les vagues furieuses retombent vaincues dans la plaine liquide. Et quand, paisible, l'Océan reçoit les rayons d'un soleil brillant qui semble s'y baigner avec volupté, l'œil, ravi de tant de variétés dans ces horizons infinis, reste fixé à ces plages. Hélas ! il est d'autres régions où l'on pleure, où l'on n'a pas d'ami ! Je devais y songer. Aussi, laisserai-je à une plume plus autorisée que la mienne le soin de peindre ces beautés.

Entouré de l'affection d'un compatriote, respirant l'air salubre de ces climats, on comprend combien je serais resté avec plaisir si l'œuvre qui m'appelle eût pu m'accorder un plus long repos. Je dus me soustraire à tant d'attraits et rentrer à Paris.

CHAPITRE IX

Le Hâvre, Dieppe, Elbeuf, Caudebec, Évreux, Bernay.

J'allai à Dieppe, où je fus reçu par M. le Doyen. Je dus à mon titre de missionnaire l'honneur de donner une conférence à ses paroissiens.

M. Roslang, président des conférences de Saint-Vincent de Paul, avait reçu de Paris des lettres qui le priaient de m'aider à la formation de l'œuvre.

L'association fut donc établie, les dames pieuses ayant accepté, elles aussi, les conditions de son existence.

M. le comte de Paris était à son château d'Eu; je fus heureux d'être invité à aller l'y voir. M. le curé d'Eu, Normand d'antique souche, voulut bien me faciliter l'accès auprès du prince, qui me reçut avec une bienveillance dont je ne perdrai jamais le souvenir.

Son Altesse me parla de son voyage au Liban et à Jérusalem. Elle me demanda des nouvelles du patriarche maronite, qu'elle a beaucoup connu, et me pria de lui renouveler l'assurance que lui et sa famille n'oublieront pas les Libanais.

Elle daigna aussi me montrer son château et les souvenirs de ses aïeux.

A mon départ pour le Hâvre, je reçus des mains de cet illustre prince sa photographie, en souvenir de ma visite au château d'Eu.

Du Hâvre, j'allai à Elbeuf et à Caudebec : j'y reçus même accueil. Les Maronites comptèrent de nouveaux amis dans la personne de MM. les Curés, MM. les Présidents des conférences de Saint-Vincent de Paul et de toutes les personnes pieuses qui acceptèrent l'Œuvre.

Évreux était sur mon chemin. Recommandé à l'évêque par M. de Beaudicourt, je fus reçu par le Grand Vicaire. Sa Grandeur n'y étant pas, il daigna me recommander aux archiprêtres de Louviers et de Bernay.

A Louviers, Mme la Présidente des conférences de Saint-Vincent de Paul ayant bien voulu réunir dans ses salons les personnes charitables de cette ville, l'Œuvre fut établie sous la présidence et protection de M. le Curé.

M. l'archiprêtre me fit l'honneur de me présenter aux notabilités de sa paroisse. Accueilli partout avec cette dignité bienveillante qui distingue le peuple français, je pris congé de

M. le Curé, non sans l'avoir assuré de ma gratitude pour toutes ses bontés.

J'étais attendu à Bernay pour le jour suivant. Un presbytère hospitalier m'y donna asile. J'y trouvai avec la plus cordiale réception, un archiprêtre érudit, digne en tous points de l'administration d'une paroisse aussi importante que Bernay. Je restai trois jours (trois jours de fête) auprès des nouveaux et affectueux amis.

M. le comte de Maistre, que j'ai l'honneur de connaître, habitant tout près de Bernay, je me fis un devoir de m'y présenter.

Je passai la nuit au château ; je dis ma messe le lendemain, et visitai tous les glorieux souvenirs qu'il conserve, souvenirs historiques qui datent de saint Louis. Je parcourus cette chaîne des trophées de la monarchie française et vis dans le passé l'honneur qu'elle fit rayonner sur cette terre qui non sans raison sut ajouter à ses nombreux titres de gloire, celui de fille aînée de l'Église. M. et Mme la comtesse de Maistre voulurent assister à la réunion que je donnai pour la formation de l'œuvre, dont Mme de Maistre accepta la présidence.

Près de Bernay se trouve un château construit dans le style oriental, par M. Lottin de Laval. On lit sur les mosaïques et sur les murs des fragments de nos poésies. Les meubles sont orientaux. L'Asie y a jeté à profusion ce qu'elle a de plus rare et de plus précieux. C'est un fac-similé si frappant des palais de Constantinople et de l'Égypte, que si l'indigène s'y réveillait un beau jour, il se croirait dans son pays natal. Je saluai ces souvenirs de l'Orient, et, quittant les personnes si bienveillantes de Bernay qui me renouvelèrent l'assurance de leur amour pour nous, je fis route sur Séez: Avant d'y arriver, je dus aller à Argentan pour y voir M. le comte de Coulaincour, mon ami, dont le nom est connu de toute la France catholique. Son dévouement lui a fait prodiguer sa fortune, son intelligence et son activité. Je passai une nuit auprès du comte, qui me donna quelques lettres de recommandations pour Séez, où j'avais hâte d'arriver. L'évêque avait déjà reçu les lettres de Paris pour lui annoncer mon arrivée et le prier de me donner son consentement pour l'établissement de l'œuvre de Saint-Louis dans son diocèse.

Avec quelle bienveillance et quelle affabilité ce digne et saint prélat me reçut, c'est ce que je ne pourrais dire. Je fus commensal du palais épiscopal ; on porta un toast à la prospérité de l'épiscopat maronite. Je fis connaître l'œuvre du haut de la chaire de la cathédrale ; les dames réunies à cet effet l'acceptèrent et l'organisèrent. Messieurs les Supérieurs des Grands et

Petits Séminaires m'exprimèrent tout l'intérêt qu'ils portaient aux missionnaires de l'Orient, et je donnai par un petit discours la lecture spirituelle à leurs élèves.

Fatigué de mon excursion et non loin du monastère de la Trappe de Mortagne, je résolus d'aller au cloître demander quelques jours de repos.

Reçu par le Révérendissime Père Abbé, que je connaissais, je fus heureux de me trouver auprès de ces anachorètes et d'admirer ce que l'amour de Dieu a de puissance sur un cœur quand il lui fait abandonner les douceurs du siècle, pour le vêtement de bure, le froc monacal et l'instrument du travailleur.

Amour de Dieu ! amour des peuples ! n'est-ce pas en effet pour son frère malheureux que le trappiste vient s'implanter sur un sol stérile et que du fruit de ses sueurs il demande à la terre, par une culture intelligente, les richesses qu'elle contient? Il n'en sera ni mieux ni plus mal : du pain et des légumes au sel et à l'eau continueront d'être sa nourriture, la chaleur ne cessera d'accabler ses membres fatigués et le froid de les engourdir. Il se fatigue pour donner l'abondance aux populations malheureuses, pour apprendre à l'homme que la loi du travail est imposée à tous.

Avec les Trappistes, l'Occident ne doit plus

envier à l'Orient ses anachorètes du désert, dont les austérités effrayent le monde moderne et que l'incrédule appelle encore folie ! La règle primitive de ces grands contempteurs du monde n'est point morte et se retrouve tout entière à la Trappe.

J'étais tellement ému et édifié que je voulus me faire trappiste pendant les quelques jours de mon séjour au monastère ; mais, hélas ! ma vocation n'était que passagère, et j'avoue que je ne fus pas fâché de la voir s'enfuir : je mourais de faim. Le Révérend Père Abbé insistait pour me garder encore et voulait que j'adressasse quelques paroles au chapitre et aux enfants de la colonie. Je lui cachai que les légumes du couvent étaient d'une digestion difficile, que je n'avais plus la force de parler et que mon éloquence était à bout ; je prétextai des affaires pressantes, mais il insista encore ; comment refuser ?... Je priai le ciel de me venir en aide. Il eut pitié de moi et m'envoya, ô surprise ! un ami dont le château, très rapproché de Mortagne, m'offrait un confortable logis où je pourrais remettre mes sens en équilibre, en donnant à mon appétit ce dont il avait tant besoin.

« Je vais avec vous, mon cher, lui dis-je ; il me faudra rien moins qu'un jour de bon régime pour apaiser ma faim. » Nous partîmes!

Les charmes de la causerie, la beauté du paysage passèrent inaperçus ; les côtelettes seules eurent une influence salutaire sur moi. Je me remis un peu du désordre que ma foi présomptueuse avait apporté dans mon organisme, et seulement alors j'écoutai M. le comte de Charencey, savant philologue, dont la conversation me révéla un homme ayant sur les peuples de l'Orient des connaissances précises et exactes.

Songeant à l'utilité d'un monastère de la Trappe au Liban, j'ai cru devoir m'en occuper.

Les Antonins Maronites comptent près de deux mille religieux, que leur règle oblige aux travaux intellectuels et manuels et qui n'ont d'autres connaissances en agriculture que celles que nous ont laissées les patriarches. Ils pourraient disposer de quelques-uns de leurs sujets, les envoyer dans les monastères trappistes français pour y apprendre l'agriculture, ce qu'ils feraient en quelques années ; ils pourraient ensuite revenir au Liban, afin de fonder à leur tour quelques-unes de ces bienfaisantes institutions qui régénéreraient le pays en lui donnant la fortune. Ma demande a été accueillie par le Père Abbé et agréée par le ministre des Affaires étrangères, qui a bien voulu m'accorder le passage gratuit de nos religieux ; dès mon retour au Liban, je m'occuperai sérieusement de ce projet.

CHAPITRE X

Moulins, Clermont, le Puy, Autun, Chalon, Mâcon, Dijon, Langres, Besançon.

Je revins à Paris. Quelques jours après, je repris mes pérégrinations, et, muni d'une lettre de M. de Beaudicourt pour Mgr de Dreux-Brézé, évêque de Moulins, je partis pour cette ville.

Mgr de Dreux-Brézé ne pouvait refuser son assentiment à une œuvre qu'il avait autrefois protégée et aimée. A Paris, en 1848, il avait prêté son concours à la duchesse de Narbonne pour la fonder; il était donc heureux de la voir revivre, et me fit l'accueil le plus affectueux. En sa présence, du haut de la chaire, je fis connaître les besoins de ma nation, et Monseigneur se chargea lui-même d'organiser l'œuvre au moment favorable.

De là, j'allai à Clermont. Une maladie qui retenait au lit l'évêque de ce diocèse ne me permit pas de le voir. MM. les vicaires généraux m'accueillirent avec empressement et se chargèrent de faire connaître à Sa Grandeur, dès qu'elle serait rétablie, l'objet de ma visite. Ils m'invitèrent à parler devant le comité catholique qui me promit aussi de fonder l'œuvre, dès que les circonstances le permettraient. J'ai pris note de la promesse, et je suis certain qu'elle ne sera pas vaine. N'est-ce pas à Clermont que la valeureuse France des croisades se prosterna aux pieds d'Urbain II pour recevoir la bénédiction qui devait lui être un gage de succès et que les montagnes retentirent de ces accents : « Dieu le veut ! Dieu le veut ! »

Le Dieu des croisés est encore le nôtre, et l'Orient catholique reste persuadé qu'il n'oubliera pas la terre que son divin Fils féconda de son sang et arrosa de ses larmes. M. l'archiprêtre de Clermont est un homme distingué par son savoir et sa vertu ; sa charité l'a fait apprécier du gouvernement français, qui l'a décoré de la Légion d'honneur l'année dernière. J'ai reçu dans son presbytère l'hospitalité traditionnelle du temps d'Abraham. *Domus mea spatiosa ; cor meum spatiosum*, pouvait me répondre ce digne prêtre.

Je parlai à la congrégation du catéchisme de persévérance qui se réunit à la cathédrale le dimanche. Mon langage franco-arabe fut compris de ces jeunes cœurs déjà formés aux enseignements de la foi. Invité à dire la messe à la communauté des Ursulines, je m'y rendis et y reçus le plus obligeant accueil ; il en fut de même chez les sœurs de Saint-Joseph.

Je quittai Clermont pour me rendre au Puy, emportant le plus doux souvenir de tant de bienveillance.

Reçu au grand séminaire dirigé par les Sulpiciens, je me retrouvai au sein de cette Société qui dans mon parcours n'a cessé de me prodiguer ses sympathies et de s'intéresser à ma nation. M. de Beaudicourt m'avait annoncé à Mgr Lebreton, Français et Breton. C'est dire combien il nous veut de bien. Je reçus carte blanche pour former l'association de Saint-Louis ; mais, hélas ! mes efforts, en face d'une crise industrielle, ne pouvaient qu'être importuns. Je dus me contenter des excellentes intentions que tous me témoignaient, et qui produiront leurs fruits dans des temps meilleurs. J'ai néanmoins visité les communautés. Dans un seul jour, je satisfis la légitime curiosité de cinq de ces maisons.

Le Puy possède un monument qui l'immortalise, c'est Notre-Dame de France. Cette gigantesque statue a été faite avec les canons pris sur l'ennemi aux guerres de Russie et d'Italie pendant le dernier Empire. Elle est érigée sur un roc qu'on dirait placé à cette intention au milieu de la vallée. Il est taillé en forme de pyramide ; la cime semble vouloir s'élever jusqu'aux nues ;

c'est l'œuvre de la nature. On ne pouvait choisir un piédestal plus magnifique à la Vierge dont l'image domine tout le pays.

Le pittoresque du tableau, les variétés d'une nature cultivée et productive, les villages semés çà et là sur le versant des collines, et tout ce peuple agenouillé aux pieds de la Vierge Marie, protectrice de la France et des armées, sont pour l'âme chrétienne une de ces contemplations qui la ravissent en lui faisant aborder aux rives de l'infini. Je priai, avec toute la ferveur dont mon âme est capable, cette Vierge du Puy qui est aussi celle du Liban. Marie est née dans la Galilée : ne devais-je pas, en songeant à la misère des peuples de l'Orient, lui rappeler sa modeste quoique royale origine ?

Je descendis cette montagne où j'avais ressenti une foi si grande qu'elle ne peut se dire ; je revins au Puy avec le souvenir d'un ami et d'un bienfaiteur qui m'y attache, celui du P. Abougi, jésuite, dont la maison maternelle est encore dans cette ville. C'est à son affection que je dus d'entrer au collège de Gazir, et, après la mort de ma mère, il voulut bien franchir une distance de dix lieues qui nous séparait, abandonner ses occupations, pour assister à ses obsèques, faire son panégyrique et donner à ma famille désolée les consolations chrétiennes que tous nous demandions à son dévouement d'apôtre. Ces souvenirs m'assaillirent en parcourant cette ville à laquelle je devais de la reconnaissance, puisqu'un des siens m'avait aimé ; je la quittai, mais je sentais que j'y laissais quelque chose de mon cœur.

Je pris ensuite la route d'Autun. Au nom de cette ville est intimement lié celui de Paray-le-Monial, où le Sacré-Cœur de Jésus, se montrant à découvert à l'humble religieuse de la Visitation, lui dit : « Voici ce Cœur qui a tant aimé les hommes ! » On comprend que tout catholique, s'il est prêtre surtout, ne secoue pas la poussière du chemin avant de s'être agenouillé en ce sanctuaire béni qu'une double consécration, celle de l'apparition et celle de la vénération des peuples, a rendu deux fois cher (1).

Je dis la messe à l'autel même du miracle, et, ma dévotion un peu retrempée dans la prière, j'arrivai à Autun. Une des plus belles cérémonies du rit catholique s'y faisait : le sacre d'un évêque. M. Lelong, vicaire général d'Autun, nommé évêque de Nevers, recevait l'onction et les insignes de la dignité épiscopale. Les évêques consécrateurs étaient : l'archevêque d'Aix, les évêques d'Autun, de la Rochelle et de Troyes ; trois cents prêtres assistaient à la cérémonie ; je

(1) Le Pape Léon XIII a accordé à l'église de Paray-le-Monial le titre de basilique.

fus heureux d'être du nombre, et je vis ave joie le respect et la piété se peindre sur toute les physionomies.

J'élus domicile au grand séminaire ; les Sul piciens en sont les directeurs. M. de Beaudicour avait écrit à Mgr Perraud et à M. de Champeau président des conférences de Saint-Vincent d Paul ; je n'étais donc pas un inconnu.

Sa Grandeur me reçut avec la politesse et l bienveillance qui s'unissent en elle au talent e à la vertu. Monseigneur me permit de travaille à la formation de l'œuvre. Mme la marquise d Mac-Mahon voulut aussi m'honorer de sa recom mandation auprès de quelques-unes de se connaissances, et M. l'archiprêtre eut la bont de nous céder pour les réunions dans la cathé drale la chapelle des Congrégations.

J'y célébrai le saint sacrifice de la messe, fi une petite allocution, et l'œuvre reçut un ac cueil favorable : là aussi on aime l'Orient.

Je rencontrai, au sortir de la chapelle, u parent d'une des familles françaises du Liban que cette personne dont je ne me rappelle pa le nom reçoive ici mes regrets de n'avoir p accepter les politesses dont elle voulait m combler. L'œuvre ne me permettait pas d m'attarder ; j'allais chez M. de Champeau, o j'étais attendu.

Je continuai mon voyage et vins à Chalo

et à Mâcon. Ici je n'ai qu'à redire ce que le *Bulletin* de l'œuvre de Saint-Louis a déjà fait connaître concernant la spontanéité de ces populations à aider les frères malheureux du Liban. A la conférence de Saint-Vincent de Paul et aux jeunes filles réunies chez les sœurs blanches, je dis quelques mots et fus satisfait des dispositions qui me furent montrées.

A Dijon, où j'arrivai peu après, je me présentai à M. Bresson, avocat et président du comité catholique, auquel j'étais recommandé par M. de Beaudicourt ; j'y fus reçu avec bonté et distinction. Présenté par lui au vénérable évêque du diocèse, je ne pouvais qu'être bien accueilli. Mgr Rivet, dont le cœur est celui d'un apôtre, donna son consentement à l'œuvre. Dans une conférence de Saint-Vincent de Paul qui eut lieu sous sa présidence à l'évêché, le jour de la fête de l'Immaculée-Conception, il voulut bien l'établir.

Lecture fut donnée par divers membres des rapports des conférences faites dans les départements : tous attestaient de la vigueur de la foi dans cette antique Bourgogne qui compte parmi ses héros catholiques un saint Bernard, une Jeanne de Chantal, un Bossuet. Un Père Dominicain nous montra l'excellence du dogme de l'Immaculée-Conception, et j'eus ensuite la parole en faveur du Liban ; parole bien modeste après celle que l'on venait d'écouter ; mais, encouragé par la bienveillance qu'on m'accordait, je fis connaître aussi bien que je pus en français la cause de mon voyage. Monseigneur, déclarant que cette œuvre lui était chère, pria l'assemblée de lui prêter son secours, et le lendemain, sur l'invitation de M. Bresson, une réunion de cinq cents dames se tint dans l'une des églises. Elles entendirent la messe et se firent inscrire pour l'œuvre, que je leur exposai en quelques mots. L'organisation de cette nouvelle société ne tarda pas à se faire d'une manière régulière ; le *Bulletin de Saint-Louis* en a donné le compte rendu. Honneur à tant de cœurs généreux qui se font spontanément les Croisés des Maronites, et Dieu veuille en bénir les succès, que les enfants de la Visitation, de Sainte-Ursule et du Carmel hâteront par leurs prières.

Langres est le pays vers lequel je dirigeai mes pas après avoir dit adieu à Dijon. Connu de M. l'abbé Garnier et présenté par lui au nouvel évêque, qui depuis peu de jours avait fait son entrée dans sa ville épiscopale, je fus invité à sa table. Sa Grandeur me rappela que l'Église d'Orient avait donné à la Champagne son premier apôtre, me parla de notre hiérarchie ecclésiastique et me fit voir des connaissances étendues sur l'histoire de l'Orient. Une réunion du clergé, des membres des conférences de Saint-Vincent de Paul et des fidèles, eut lieu à la cathédrale, sous la présidence de M. l'archiprêtre. L'œuvre de Saint-Louis a rendu compte de ses heureux résultats dans ses bulletins ; je n'y reviendrai pas ici.

J'arrivai ensuite à Besançon, où je fus présenté à S. G. Mgr Paulinier, accompagné de M. Barret, intendant militaire, président du comité catholique. Ici l'œuvre subit une petite interruption : l'archevêque avait reçu du directeur des écoles d'Orient une lettre peu favorable aux prêtres orientaux ; avant donc de donner son consentement, il tint à prendre de sérieux renseignements. M. de Beaudicourt, interrogé, instruisit immédiatement M. Barret de l'œuvre et de son but. Sa Grandeur nous donna alors l'autorisation demandée. L'archiprêtre, homme distingué par ses vertus et par ses talents, voulut présider la réunion qui se tint pour faire connaître l'œuvre de Saint-Louis. Comprise et acceptée par les personnes de la ville, cette œuvre a été constituée d'après les statuts.

J'ai eu l'avantage de parler aux dames du Sacré-Cœur, au collège ecclésiastique, au pensionnat des Enfants de Marie, à l'École normale, et partout on a répondu avec empressement à l'attachement du Liban pour la France. « Les

Francs-Comtois sont fermes dans leurs résolutions, me disait cette excellente population; soyez sûr, Monseigneur, que si votre œuvre est acceptée, elle ne périra pas. »

M. le président du tribunal, auquel j'ai eu l'honneur de faire une visite, me disait : « Je n'ai jamais vu de Maronites; je ne sais à quoi attribuer le sentiment d'amitié intime que je ressens pour ce peuple, depuis mon enfance. » Ces paroles émurent délicieusement mon âme libanaise.

Je quitte Besançon le cœur plein de reconnaissance, et je me dirige vers Nancy. Annoncé à M. Vagner, homme de distinction que sa foi solide a fait choisir pour diriger toutes les bonnes œuvres, je me présentai à lui.

M. Vagner, pour ne pas porter ombrage à l'œuvre des Écoles d'Orient, résolut de former un comité mixte qui s'occuperait des deux œuvres. MM. les directeurs furent priés d'accepter ces arrangements, et le projet fut soumis au digne évêque, qui l'agréa.

Je ne me sentais plus étranger dans ces contrées du nord, et je fus on ne peut plus touché de l'affection sincère que me témoignèrent M. Vagner et sa famille à mon départ, et ce fut avec un vrai plaisir que je bénis ses jeunes enfants.

Je voudrais pouvoir dire avant de quitter

Nancy tout ce que l'école Saint-Joseph et son digne supérieur, M. l'abbé Demange, m'ont témoigné d'intérêt ; je voudrais parler des dames du Sacré-Cœur, de leurs charmantes et modestes jeunes filles, de la communauté de la Doctrine chrétienne, qui comptait, au jour que j'eus le plaisir de lui faire une petite homélie, 350 novices des cercles catholiques dirigés par M. le commandant Léon ; mais l'espace me manque, un volume n'y suffirait pas.

Ma santé délabrée par le froid et des travaux apostoliques un peu prolongés m'obligèrent à rentrer dans la capitale.

CHAPITRE XI

Bourges, Nevers, Rome. Retour à Paris.

Un mois de repos venait de s'écouler ; j'avais hâte de reprendre mes excursions. Le bâton de voyageur à la main, j'arrive à Bourges, porteur de lettres de recommandation pour Mgr de la Tour d'Auvergne, évêque de ce diocèse, et pour son vicaire général.

L'œuvre qui m'amenait, chère à divers titres au cœur de Sa Grandeur, me promettait un bon accueil. Je ne fus pas déçu. Évêque, la prospérité de l'épiscopat maronite ne pouvait le laisser indifférent ; prince, les glorieuses traditions de son pays lui faisaient un devoir de les continuer par la chevalerie de sa foi. Il voulut bien me patronner, et, aidé de M. le président du comité catholique, des conférences de Saint-Vincent de Paul et de M. le curé de la cathédrale et de sa famille, j'espérai que la réunion annoncée et faite aux dames pieuses ne serait pas infructueuse. Trois cents personnes au moins assistèrent à ma simple allocution, la goûtèrent, et le lendemain, dans un des salons de l'archevêché, l'œuvre fut fondée et constituée.

Je revins à Nevers, où je fus reçu au grand séminaire. Je me présentai à Sa Grandeur, au sacre duquel j'avais eu l'honneur d'assister à Autun. Couvert encore des prémices de ses bénédictions, j'allai à elle avec la confiance d'un Français, presque d'un diocésain ; je fus accueilli avec bonté. Mgr Lelong consentit à la fondation de l'œuvre si ses fidèles ne la refusaient pas. Un bon ange et Messieurs nos protecteurs ayant prédisposé pour nous tous les cœurs, l'œuvre fut bien accueillie. Je passai trois jours en cette ville, pour y faire la connaissance des communautés, des sociétés, des bonnes œuvres. J'étais au sein de cette population si française quand une lettre de Rome vint hâter mon départ. Mgr l'archevêque Ambroise Darouni, procureur de notre nation, m'appelait auprès de lui pour une affaire personnelle. J'en profitai pour assister au couronnement de S. S. Léon XIII. C'était un devoir de respect et d'amour filial que j'étais heureux et fier de remplir : je quittai donc Nevers pour aller à Rome.

Les journaux ont retenti des cérémonies de ce joyeux couronnement. A l'élévation de Léon XIII et quand la tiare aux trois couronnes fut déposée sur la tête du nouveau pontife, la chrétienté s'est réjouie et l'univers entier a applaudi.

Je désirais me présenter au cardinal Siméoni ; mais il permutait de charge avec le cardinal Franchi, le moment était donc peu favorable. Je renonçai à cette entrevue et revins à Paris.

J'y étais depuis deux jours à peine, quand je reçus la nouvelle de la mort prématurée du procureur des Maronites, Mgr Ambroise Darouni, que je venais de laisser plein de vie. Cette mort fut à mon cœur un coup bien douloureux : ma nation perdait un père, la cour romaine regrettait un prélat plein de vertus et de mérites, le peuple romain pleurait un ami ; apprécié de tous, il n'a laissé que des regrets.

CHAPITRE XII

Lourdes.

Je n'ai pas voulu quitter la France sans aller visiter le sanctuaire miraculeux de Lourdes. Mon désir étant de voir l'abbé Ancessi, que je savais malade dans sa famille à Rodez, je me mis en route à cette double fin. J'arrivai malheureusement trop tard pour recevoir les derniers adieux d'un ami qui m'était cher : à Tarbes, une lettre m'apprenait son trépas, qu'un accident de constitution avait hâté. J'arrivai donc à Lourdes, le cœur noyé de larmes et de tristesse. Je sentais qu'en cette grotte seule, où le ciel avait parlé à la terre, je trouverais de mon ami, heureux éternellement, je l'espère, ce qu'il n'avait pu me donner ici-bas. Je tombai à genoux, et, prenant la place où Bernadette égrenait si pieusement son chapelet, je priai. Une foi profonde et vive pénétra mon âme lorsque mes yeux fixèrent le lieu de l'apparition ; mon imagination voyait cette Vierge se montrant à un cœur simple et droit, disant à cette enfant pure comme les anges : « Je suis l'*Immaculée-Conception.* »

Là j'eusse voulu rester toujours...

Le lendemain, je dis ma messe à la crypte, et, retournant à la grotte, je demandai à Marie l'extinction du schisme dans l'Église d'Orient et son amour pour mes amis et pour moi ; et, mon cœur débordant malgré moi : « Pourquoi, bonne Mère, n'avez-vous pas choisi l'Orient pour le lieu de votre apparition ? Pourquoi fuir nos collines verdoyantes ? Rose de Jéricho, pourquoi ne pas revenir en nos plaines parfumées ? Nous vous vîmes les parcourir, jeune Vierge demandant le Messie, puis Mère désolée, pleurant le Fils qui ne nous laissa pas orphelins. Mes péchés et ceux de mes compatriotes sans doute vous ont éloignée de nos rivages, et la France a hérité de vos faveurs. Soyez-en bénie, bonne Mère ! et répandez sur cette noble terre, si sympathique aux Orientaux, aux Libanais surtout, les munificences de votre inépuisable tendresse. »

Presque seul à ses pieds, les regards de Marie me semblaient n'être que pour moi. Tout mon être était absorbé dans mon amour pour ma Mère.

Au pied de la grotte une atmosphère de foi vous environne, on sent partout le miracle. Le miracle ! combien le nient ou veulent l'expliquer par les sciences! Pour moi chrétien, la puissance divine ne s'est pas amoindrie, et je m'écrie : « Dieu ne peut-il pas déroger aux lois de la nature que lui-même a faites? En tant que créateur, n'est-il pas le maître de son œuvre? Et qui peut limiter son pouvoir? sera-ce l'homme, qui n'a de raison et d'intelligence que celle qu'il tient de la lumière qui éclaire tout homme venant en ce monde? »

La science ne sera vraie que lorsqu'elle nous aura dit « qu'imparfait en toutes choses, l'homme doit connaître avec amour et ignorer avec foi (1) ». Tombons à genoux, ne laissons pas tarir la vie qui nous anime, déjà les ombres de la mort glacent nos cœurs; laissant les murmures, une prière et nous serons sauvés.

Je n'ai pas dit adieu au sanctuaire de Notre-Dame de Lourdes; peut-être mes compatriotes, apprenant les faveurs que Marie y prodigue, formeront-ils une caravane; je me joindrai à elle, et je viendrai encore une fois dans ma vie saluer la France et m'agenouiller aux pieds de l'Immaculée-Conception.

Je fus agréablement surpris de me trouver en pays de connaissance. Le R. P. Dupuy, que j'avais connu à l'école des Carmes, Père missionnaire aujourd'hui, me combla de témoi-

(1) M. de Bonald.

gnages d'amitié, et me servit de cicerone. Nous sommes allés ensemble surprendre M. l'abbé Corège, au petit séminaire. Je l'avais connu à Paris. Il me croyait mort, et s'est figuré voir un homme d'outre-tombe. Le revenant ne l'a pas trop effrayé, Dieu merci! il m'a fraternellement embrassé, et, dans une charmante intimité, nous avons laissé fuir les heures de la nuit sans les compter.

De Lourdes, j'allai à Rome, où j'eus le bonheur d'obtenir une audience particulière de S. S. Léon XIII, et Dieu sait combien ma joie fut grande, lorsque j'eus l'honneur de causer avec lui de l'Orient et de recevoir pour moi, pour ma patrie et pour tous mes amis la bénédiction apostolique. J'eus aussi l'honneur de me présenter chez le cardinal Siméoni, préfet de la Propagande, qui me reçut avec une bienveillance que je n'oublierai jamais. J'espère pouvoir répondre à tous les désirs que m'a exprimés Son Éminence, de voir le clergé d'Orient entrer résolument dans la voie des fortes études. Des affaires urgentes m'obligèrent à rentrer à Paris. Maintenant il est temps pour moi de rentrer dans le Liban.

Dans l'univers entier, les Français ont une réputation de cordialité et d'hospitalité telles que l'on dit qu'il suffit qu'un étranger reste un mois parmi eux pour qu'il devienne l'ami de tous. Je suis arrivé en France déjà lié à ce pays par les antiques liens du sang et de la foi ; j'y suis resté six années entières ; j'ai parcouru ses provinces, je me suis présenté à ses cardinaux, à ses archevêques, à ses évêques ; je me suis mêlé à son clergé ; j'ai visité ses séminaires, ses communautés religieuses, ses colléges et ses pensionnats ; je me suis entretenu avec les chefs de ses administrations ; j'ai fait la connaissance d'un grand nombre de ses officiers ; j'ai fréquenté les écrivains de la presse catholique, et partout la réception qu'on m'a faite a attaché mon cœur par des liens aussi doux qu'ils sont forts. Et maintenant, au moment de partir, je sens se renouveler en moi tous les sentiments qui ont déchiré mon cœur au moment où je quittai mon pays.

Ma seconde patrie m'est devenue presque aussi chère que la première, et j'ai autant de peine à me séparer de mes amis de France que j'en avais à quitter ceux que je laissais au Liban.

Mais, comme la foudre obéit toujours à la voix de son créateur, ainsi l'apôtre doit au moindre signe de la volonté de son Maître courir et voler où l'appellent la gloire de Dieu et le salut des âmes. Dieu a daigné faire de moi son apôtre, il m'a envoyé en France, et pour lui obéir j'ai dû rompre les liens les plus chers ;

il me rappelle au Liban, je dois avec la même docilité quitter tout ce qui, dans ma seconde patrie, avait ravi mon cœur. Le devoir de porter ma croix à la suite du divin Sauveur et l'amour que Dieu a mis dans mon cœur de prêtre pour les âmes de mes frères malheureux, me font faire avec joie ce douloureux sacrifice, sans cependant en amoindrir l'amertume.

Je te quitte, France hospitalière ; mais ma reconnaissance sera éternelle ; que ma langue s'attache à mon palais si jamais je t'oublie. Partout où je serai, ton nom sera prononcé avec amour et reconnaissance, et si mon sang pouvait un jour être utile à ta cause, sois sûre que je le verserais avec amour pour payer la dette que j'ai contractée envers toi. Je prie le Seigneur de conserver entre tes mains l'apostolat que tu exerces dans le monde entier. Fille aînée de l'Église, reste toujours attachée au trône de saint Pierre et n'oublie pas le tombeau du Christ.

Que les traditions glorieuses de tes enfants ne s'effacent jamais du Liban. Que la foi à laquelle tu as dû ta grandeur, et dont tes rois, Clovis, Charlemagne et saint Louis, ont été les si vaillants défenseurs, ne soit pas ébranlée par le souffle d'impiété qui parcourt la terre. Que jamais le foyer de la lumière civilisatrice ne s'éteigne parmi tes enfants. Que tes missionnaires et les vierges portent toujours la croix sur toutes les plages du monde, et enseignent partout la doctrine du Sauveur. Que dans la nouvelle Jérusalem, dont l'ancienne n'était que la figure, tu sois jusqu'à la fin des siècles le cénacle béni d'où s'élancent les apôtres qui vont conquérir l'univers.

Adieu, chère France, ma mère et ma patrie ; je te prie de me garder la promesse que tu m'as faite d'être toujours pleine d'affection et de sollicitude pour tes enfants libanais, qui, de leur côté, t'aimeront, te respecteront et te regarderont toujours comme leur mère et leur protectrice.

NOTES

Page 58. — Aujourd'hui plusieurs grands séminaires sont mis à la disposition des séminaristes, sans compter le séminaire de Rome et 8 bourses à Saint-Sulpice de Paris payées par le gouvernement français. La langue arabe possède déjà le Traité théologique de saint Thomas traduit par un écrivain maronite, Mgr Aouad.

Page 59. — Depuis 20 ans que ce livre a été publié, la nation maronite a fait un grand pas dans le progrès. Elle possède des revues, des journaux catholiques, des imprimeries même qui livrent à tous les Libanais des livres instructifs composés ou traduits par des Maronites éclairés et très instruits.

Page 63. — A Gazir, le regretté Mgr Zouaïn, auteur de cette brochure, avait fondé une maison d'éducation pour les familles pauvres. On y compte 200 âmes, recueillies de tous les coins du Liban. Que de vœux s'élèvent au bon Dieu pour que cette œuvre se maintienne pour le bien de la Religion et le soulagement des pauvres.

Page 66. — La famille Zouaïn vient de donner à Mgr l'archevêque de Balbeck un couvent et des propriétés qui rapportent 10,000 francs pour en faire un séminaire diocésain.

Page 56. — Le patriarche actuel de la nation maronite. Docteur en théologie et en philosophie, il est aussi vertueux que savant. Son avènement au patriarcat d'Antioche fut la joie unanime de tous les Libanais.

Page 104. — Les Mutualis sont ignorants et fanatiques jusqu'à ne jamais prendre aucune nourriture ni même boire l'eau de la fontaine ou du torrent avec des hommes d'une autre croyance. Jamais ils ne se sont servis d'un vase ou d'un ustensile quelconque en terre ou en métal, qu'un étranger à leurs croyances aurait pu toucher, sans l'avoir auparavant purifié. Ils détestent les chrétiens et surtout les Francs, qui sont, à leurs yeux, des êtres immondes; leur souffle infecte l'air, disent-ils.

Sans les Mutualis, les tribunaux du Liban n'auraient presque point de cas de vol à juger. Voler c'est un précieux principe pour ces sectaires.

TABLE DES MATIÈRES

Pages.

DEUXIÈME PARTIE

La Chapelle-Montligeon. — Imp. de N.-D. de Montligeon.

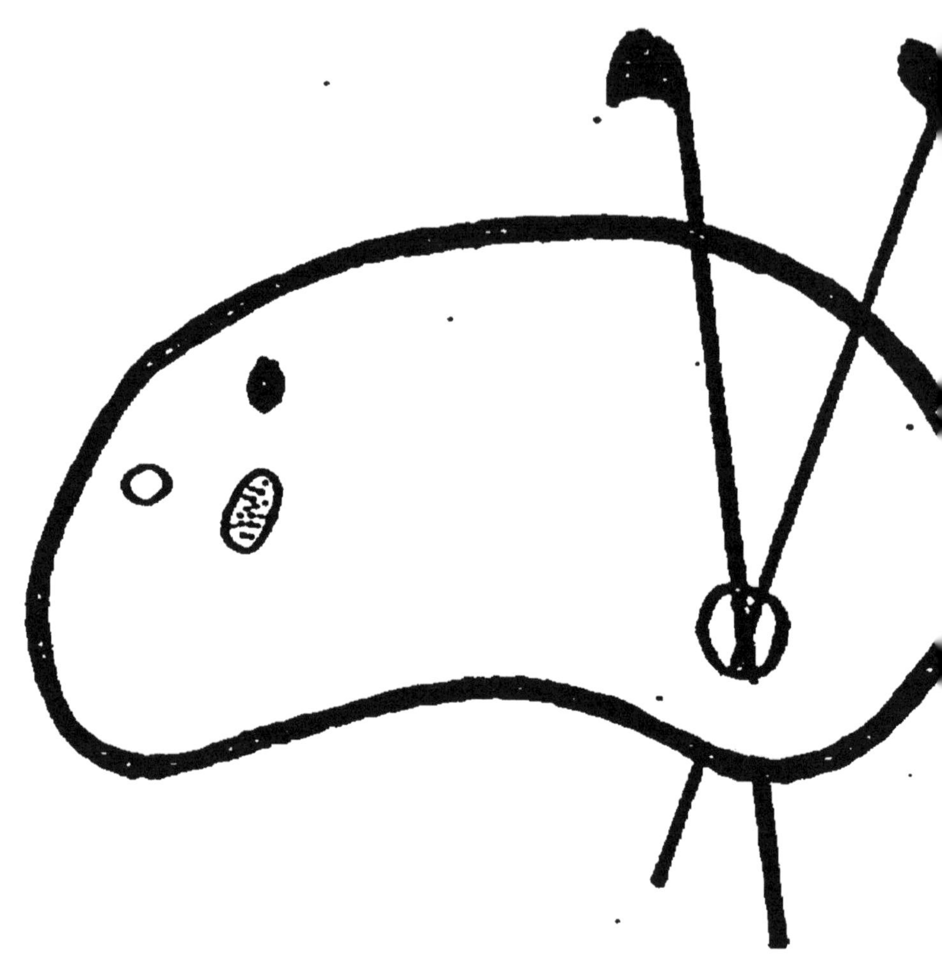

www.ingramcontent.com/pod-product-compliance
Ingram Content Group UK Ltd.
Pitfield, Milton Keynes, MK11 3LW, UK
UKHW012023240726
13965UKWH00002B/534